Guinan

Robert

Agnès de Maistre

Guinan

Editions

Cercle d'Art

Toute reproduction

ou représentation

intégrale ou partielle,

par quelque procédé

que ce soit,

des pages publiées

dans le présent ouvrage,

faite sans l'autorisation

de l'éditeur est illicite

et constitue une contrefaçon.

Seules sont autorisées

les reproductions

strictement réservées

à l'usage privé du copiste

et non destinées

à une utilisation

collective.

© 1991 Editions Cercle d'Art / Albert Loeb

© 1991 Galerie Albert Loeb pour les œuvres reproduites

ISBN 2-7022-0288-8

Imprimé en Italie

Dépôt légal : 0000 1991

Sommaire

Avant-propos par Albert Loeb — 6

Robert Guinan par Agnès de Maistre — 9-49

Le réalisme de Guinan — 9

Représentation réaliste : la question de l'imitation — 20

La tradition réaliste américaine — 29

La singularité de Guinan — 39

De "Genel-Ev" 1956 à "Maida" 1990 — 50-239

Guinan illustrateur — 240

Biographie — 260

Expositions — 270

Bibliographie — 271

Liste des œuvres reproduites — 272

Crédits photographiques et remerciements — 284

Avant-propos

Les poèmes de guerre de Wilfred Owen, jeune officier britannique, pacifiste, tué sur le front quelques jours avant l'armistice de novembre 1918 ont inspiré à Robert Guinan, en 1973, une suite de lithographies illustrant sept poèmes. Déjà, en 1972, la lecture des récits de trois esclaves ayant fui le Sud des Etats-Unis en 1840, l'avait conduit à réaliser cinq lithographies sur cette effroyable condition humaine.

Les victimes de la barbarie, de l'égoïsme et de l'indifférence des nantis : voilà les sujets que Robert Guinan peint depuis plus de vingt ans. Des êtres meurtris, déconsidérés, souvent brisés, dont il révèle la dignité.
Aucune trace de misérabilisme dans cette peinture réaliste. Courbet ne l'aurait pas reniée, lui qui déclarait à ses élèves en 1861 : « Le fond du réalisme c'est la négation de l'idéal. »

Trop souvent, les commentateurs de la peinture de Guinan évoquent bien à tort son aîné américain Edward Hopper. Alors que celui-ci met en scène des personnages anonymes, archétypes de la société américaine, Robert Guinan, intéressé par la vie de ses modèles et, parfois, développant avec eux des liens amicaux voire affectueux, peint des portraits.
Ces hommes et ces femmes rencontrés dans les bas quartiers de Chicago sont les mêmes êtres solitaires et déshérités que l'on croise dans toutes les grandes métropoles. En cela Guinan atteint l'universel. De *Genel-Ev*, peint en 1956, à *Maïda* réalisé en 1990, il approfondit les mêmes thèmes et les mêmes sujets, rejetant toute moralisation, toute échelle de valeurs humaines établie selon le statut social ou le degré de fortune des individus.

Il y a chez Guinan cette lucidité extrême et une fascination de l'échec – sujet tabou aux Etats-Unis – que Cioran a, par ailleurs, définies si justement :
« La lucidité, grâce au vide qu'elle laisse entrevoir, se convertit en connaissance. Elle est alors mystique sans absolu. La lucidité extrême est le dernier degré de la conscience ; elle vous donne le sentiment d'avoir épuisé l'univers, de lui avoir survécu. Ceux qui n'ont pas pressenti cette étape ignorent une variété insigne de la déception, donc de la connaissance. Les enthousiastes commencent à devenir intéressants quand ils sont confrontés à l'échec et que la désillusion les rend humains. Celui à qui tout réussit est nécessairement superficiel. L'échec est la version moderne du néant. Toute ma vie j'ai été fasciné par l'échec.
Un minimum de déséquilibre s'impose. A l'être parfaitement sain psychiquement et physiquement manque un savoir essentiel. Une santé parfaite est a-spirituelle. » (*Entretiens avec Sylvie Jaudeau,* José Corti, 1990.)

Robert Guinan,
Albert Loeb
et Emile Breda,
au piano
chez Guinan,
à Chicago
en 1984

C'est en juin 1972, à la Foire de Bâle où j'exposais dans mon stand des œuvres d'artistes dont la renommée était bien établie, que j'ai été attiré, sur le stand d'un confrère autrichien, par trois tableaux de grand format : *Maxwell Street mourant,* le *portrait de "Sister" Carrie* et le *portrait d'Emile.* Sur le même stand étaient exposées des œuvres de peintres viennois réputés : Hundertwasser, Brauer, Fuchs, Arnulf Rainer. Rien ne permettait d'établir le moindre lien entre ces artistes et l'auteur des trois tableaux réalistes, Robert Guinan, lié alors à cette galerie par un engagement précaire. Convaincu de me trouver en présence d'un artiste hors du commun, j'ai repris du jour au lendemain le contrat. A l'époque, Guinan ne recevait aux Etats-Unis aucun soutien matériel ni moral.

A la fin de 1972, je me rendis à Chicago, ville que je connaissais bien, dans le seul but d'y revoir Guinan chez lui et de rencontrer sa famille. Par la suite j'y suis retourné tous les ans avec, à chaque fois, la même impatience de découvrir les dernières peintures dans la pièce de la maison qui lui servait d'atelier. Cet enthousiasme, cette curiosité, sont aujourd'hui tout aussi intenses. Guinan m'a aussitôt ouvert sa maison. Et j'ai tout de suite aimé sa famille. Je me souviens des dîners chez ses fidèles amis Dick et Alvin qui se terminaient immanquablement autour du piano, Robert et Emile chantant en chœur de vieux airs connus ou, Guinan, seul, des sagas irlandaises.

Nous n'avons pratiquement jamais parlé "peinture". De toute évidence, cela l'ennuyait. Je le sentais également agacé par le milieu artistique américain qui l'ignorait mais que lui même évitait. Il y avait la vie, sa vie, à laquelle il me faisait généreusement participer. Son goût pour l'architecture ancienne de Chicago, le jazz, le gospel et le "blues" que nous allions écouter dans le South Side de la ville. Chez lui, en attendant le dîner, parfois il me passait des disques "ethniques", vieilles gravures de chants de paysans grecs, arméniens, turcs : nostalgie de son séjour, soldat, en Turquie et en Lybie.
De ces soirées, de mes séjours chez Robert, de nos sorties en ville, il reste les nombreuses photographies que je n'ai cessé de prendre et dont certaines ont trouvé leur place dans ce livre.
Entre ces voyages, nous sommes restés en relation à travers une abondante correspondance dont on trouvera, ici, de larges extraits : chronique de sa vie, de son travail. Des anecdotes sur les séances de pose de ses modèles et de leur personnalité, d'événements dans leur vie.

Depuis 1973, Guinan vient à Paris à l'occasion de ses expositions. Isolé dans sa ville, il vit ici avec un très grand bonheur la rencontre de ceux qui aiment sa peinture. Mais chaque fois je le sens vite impatient de retourner à Chicago, près des siens, inquiet d'être pris de vitesse par la destruction de ses lieux d'inspiration et la disparition d'un monde humain qu'il s'acharne à retenir.

Albert Loeb, mars 1991

Le réalisme de Guinan

Cette étude doit lever deux obstacles pour permettre au lecteur de juger librement, en toute indépendance, l'œuvre réaliste de Robert Guinan. Le primat absolu qu'il accorde au sujet, sa volonté de rendre justice au monde visible par l'image la plus ressemblante possible suffisent à déconsidérer Guinan aux yeux d'une partie de la critique qui ne voit qu'une œuvre anachronique, en dehors de la modernité. Faut-il alors faire fi du plaisir visuel, du sentiment de beauté et de justesse que procure son œuvre ou réviser nos critères actuels en matière de jugement artistique.

Le deuxième obstacle, consécutif au premier, est le mépris où l'on tient le réalisme. Ne voir dans l'imitation de la nature qu'un vil exercice de copie, indigne d'un créateur, c'est ignorer, contre toute évidence la complexité du processus représentatif.

C'est une fois réglées ces deux questions préliminaires que l'on pourra tenter de résoudre la principale interrogation posée par l'œuvre de Guinan. Pour quelles raisons ne s'inscrit-elle pas dans la tradition réaliste américaine alors que tout devrait l'y rattacher : de la nationalité à la formation artistique du peintre ? Nous tenterons donc d'exposer et d'expliquer les caractéristiques de cette tradition et son fondement spirituel avant de chercher les causes de la singularité de Guinan.

Une première constatation s'impose. Le beau n'est plus le critère de valeur pour les arts plastiques.

Quel critère pour l'art : beauté ou modernité ?

S'agissant de littérature, cinéma, théâtre, danse ou d'architecture, personne ne juge dépassée une critique qui interroge la beauté du style ou de l'interprétation, la justesse du ton ou du jeu, la force de conviction de l'œuvre. Ces arts sont toujours, comme l'écrivait Charles Baudelaire « *le beau exprimé par le sentiment, la passion ou la rêverie de chacun* ». Ces critères pérennes conduisent à un certain consensus par-delà les différences de goût. La valeur des grandes œuvres cinématographiques, par exemple, ne se démontre pas par des raisonnements : elle ne se prouve pas, elle s'éprouve. Et la sensibilité n'est pas proportionnelle au degré d'instruction. Pour la goûter, il n'est pas nécessaire d'avoir suivi des études sur l'histoire du cinéma. La sensibilité n'est pas proportionnelle au degré d'instruction. Des personnes sans formation intellectuelle poussée font preuve d'un jugement esthétique très sûr et inversement, des personnes très cultivées sont incapables d'une appréciation personnelle. Le sentiment du beau n'est pas non plus déterminé par l'appartenance culturelle. Sans rien connaître de la culture japonaise, nous pouvons apprécier la beauté des films de Kurosawa ou de Mizoguchi, le kabuki ou le nô, les romans de Mishima ou de Tanizaki.

Pour les arts plastiques, en revanche, il semble désormais acquis que le beau n'est qu'un critère secondaire dont on peut très bien se passer. Qu'une personne dénie de la qualité d'une œuvre en raison de sa laideur, on lui répond immanquablement : « La beauté n'existe pas. Il n'y a que des définitions culturelles du beau. » Si l'amateur, armé de son seul sentiment personnel, n'est pas désarçonné par tant d'assurance, il fera remarquer que cette objection est hors de propos. Le beau est une valeur : il n'est donc pas objet de connaissance. A quoi bon demander ce que c'est puisque personne ne peut en définir la nature. Nous savons, en revanche, le reconnaître. La « *satisfaction nécessaire* » selon la belle expression de Kant, le plaisir que nous retirons d'une œuvre nous assurent de sa beauté. Plus grand sera le nombre d'individus partageant ce plaisir en dehors de toute considération d'éducation et de culture, moins relative sera la beauté. Elle tendra à l'universalité. Le jugement esthétique, éminemment subjectif – comment pourrait-il en être autrement – porte sur une valeur universellement partagée.

Il faudrait essayer de ne pas confondre modalités d'expression du beau et sentiment du beau. Bien sûr, un créateur est, qu'il le veuille ou non, de son temps et ne peut faire un art d'une autre époque ou d'une autre civilisation. Toute forme de beauté qu'il invente reflète sa culture. Quand bien même il s'essaye à l'imitation, son œuvre porte immanquablement la marque de son temps. L'art académique d'un Bouguereau, tout empêtré de références classiques, est résolument de la fin du XIXe siècle. En revanche, le sentiment du beau n'est pas d'ordre culturel. Si tel était le cas, comment pourrions-nous juger des arts du passé ou d'autres civilisations ? Or, pour prendre quelques exemples, nous portons un même jugement de valeur sur les artistes de la Renaissance italienne que leur presque contemporain Vasari. Passés les premiers tâtonnements dus à l'ignorance, les Occidentaux ont collectionné avec discernement l'art chinois ou japonais. Sans rien savoir du bouddhisme ou du taoïsme, nous sommes capables de reconnaître les chefs-d'œuvre de ces arts religieux. Pour conclure, chaque civilisation ne matérialise que quelques virtualités de la beauté mais l'esprit humain en reconnaît bien d'autres avec lesquelles sa culture d'origine ne l'a pas familiarisé.

William Bouguereau
"La naissance de Vénus"
1876

Au critère du beau, entaché de subjectivité et, dit-on, de partialité culturelle, la critique contemporaine a cru pouvoir substituer le critère de modernité. Faut-il rappeler que la modernité est une valeur historique qui s'applique à tous les domaines de l'activité humaine. Une pensée, une technologie… peuvent tout aussi bien qu'un tableau être modernes. Seul le tableau aura pour objet la recherche du beau. C'est ce qui fonde la spécificité de l'art.

Le « *Il faut absolument être moderne* » de Baudelaire ne doit pas nous induire en erreur. Lui-même, d'ailleurs, ne s'y méprenait pas. Il n'enjoignait pas les peintres de son temps à faire du nouveau à tout prix au mépris de toute considération esthétique. Tout au plus leur rappelait-il cette vérité première qu'illustrent toutes les grandes œuvres : pour surmonter l'épreuve du temps et rester donc moderne, l'art doit être de son époque et la dépasser. « *Le beau est fait d'un élément éternel, invariable, dont la quantité est excessivement difficile à déterminer, et d'un élément relatif, circonstanciel, qui sera, si l'on veut, tour à tour ou tout ensemble, l'époque, la mode, la morale, la passion.* »

Notre acception de la modernité est à cent lieues de la définition de Baudelaire. Elle est devenue une conséquence de l'histoire qui suppose que le temps est fait d'une succession d'unités. Chaque fait se trouve assigné à une place chronologique dans un temps orienté vers l'infiniment grand. Cette segmentation provoque une rupture entre passé et présent. L'artiste n'aurait le choix qu'entre deux attitudes. Nostalgique d'un passé qui lui semble incarner toutes les valeurs, il tendra à le répéter. Qu'il veuille s'en écarter, il versera dans le modernisme qui valorise la rupture en soi. C'est bien évidemment la deuxième possibilité que notre société occidentale progressiste met en avant.

Le modernisme juge l'historicité d'une œuvre et non sa valeur artistique. Il évalue la contemporanéité d'une forme, sa capacité à analyser et réfuter les formes du passé. Selon cette approche restrictive de la modernité, l'histoire de l'art au XXe siècle se résume à un processus de déconstruction : mise en cause de la perspective mathématique, de la peinture tonale, de la représentation, de l'œuvre... et aujourd'hui de l'histoire de l'art, des instances légitimatrices (marché, musée, critique...), de l'acte créateur. Mais l'analyse de la peinture n'est pas la peinture. Il est nécessaire de refaire à chaque fois une synthèse. Si l'on se contente de la phase analytique, on passe de la création artistique au discours sur l'art, au domaine de la culture. Ce système de valeurs officiel appelle plusieurs remarques.

Sorti de son contexte historique, l'art contemporain perd une bonne part de sa signification. Une chose est certaine, la valeur intrinsèque de l'œuvre devient secondaire. On n'éprouve plus la beauté d'une œuvre. Il suffit de prouver sa place dans le processus analytique pour établir sa pertinence au regard de l'histoire. D'objet de reconnaissance l'art devient objet de connaissance. C'en est donc fini de l'universalité du jugement artistique. D'autant plus que la valeur historique du modernisme repose sur une représentation temporelle qui appartient en propre à la culture occidentale. Là où la définition de la modernité par Baudelaire est un modèle critique pertinent pour l'ensemble des formes de l'art tant passées que présentes, le modernisme n'est jamais qu'un discours culturel daté qui justifie certaines options intellectuelles de notre société. Enfin, rappelons que la modernité ne prémunit en rien contre la médiocrité. On peut être résolument de son temps et être un piètre artiste. Un seul exemple prouverait que le modernisme, critère culturel, n'est d'aucun secours en matière de jugement artistique. Les peintres officiels du Second Empire qui représentent à nos yeux ce qui s'est fait de pire se voulaient modernes. Renoir de rappeler que « *Couture passait presque pour un révolutionnaire [...] Tous ceux qui se flattaient "d'aller de l'avant" se réclamaient de Couture.* » Dans le même temps, Delacroix méditait la leçon de Rubens, Courbet interrogeait les réalistes français du XVIIe siècle et Manet Vélasquez. La liberté technique du premier n'est pas moins grande que celle des seconds. Mais là où l'éclectisme indigeste de Couture incarne les défauts et la confusion de son temps, le romantisme de Delacroix et le réalisme de Courbet et de Manet retrouvent dans les vicissitudes politiques et spirituelles de leur époque les grandes interrogations humaines.

Si l'on applique cette lecture moderniste à l'œuvre de Guinan, on peut dire que les choses avaient bien commencé. Aux copies scrupuleuses des illustrations populaires de l'entre-deux-guerres américain qui perpétuaient "l'imagerie d'Epinal" de Currier et Ives, avaient succédé des peintures d'après nature inspirées par Gauguin et Toulouse-Lautrec. Refaisant à part lui l'histoire de l'art en accéléré, Guinan avait ensuite géométrisé sa figuration à la lumière du cubisme. Puis, subissant l'influence du milieu artistique pendant ses années d'études à l'Art Institute de Chicago, il avait versé dans l'informalisme au risque de voir le sujet se perdre dans les aléas de la tache. Enfin, de 1964 à 1969, il entreprenait deux longues séries narratives. L'une, peinte d'après nature, racontait la vie et la mort du grand marché aux puces de Maxwell Street à Chicago. L'autre mélangeant collages et peinture reprenait l'histoire de la Première Guerre mondiale. Passés les premiers balbutiements stylistiques, Guinan se portait dans le peloton de tête dans la grande marche en avant de l'histoire. Ses préoccupations narratives, sa présentation d'éléments réels tout autant

"Maxwell Street meurt"
1969

13

"L'avance des Allemands en Belgique"
(Portrait du Kaiser Guillaume II)
1968

que leur représentation, ce qui dans certaines de ses œuvres pouvait passer pour de l'irrévérence à l'égard de la religion étaient considérées comme audace et remise en question. Il prenait place dans le processus de déconstruction analytique du modernisme. C'est ainsi que l'histoire de l'art retient sa fugace participation au mouvement pop de Chicago, les imaginistes.

Mais en 1970 il abandonne l'"aventure de la modernité". Avec le grand portrait réaliste d'Emile Breda, il laisse de côté l'approche analytique de l'art pour revenir à sa première exigence, rendre justice aux êtres et aux choses. Ce qui ne l'empêche pas de tirer parti des acquis techniques de sa « période expérimentale ». Il utilise des matériaux modernes (acrylique et Isorel), se sert du collage pour renforcer les effets de matière. Rien n'y fait. La peinture représentative, descriptive pour traiter de sujets naturels est considérée en soi comme une réaction, comme un retour en arrière. Et peu importe qu'il soit plus maître de son affaire avec le réalisme qu'avec le collage d'inspiration pop, qu'il satisfasse son exigence intérieure et la nôtre. Qu'il mette sa maîtrise technique au service de sa représentation du monde, du concept de son esprit et invente ainsi une nouvelle beauté n'y change rien. Guinan sort de l'histoire de l'art. Comment ne pas songer alors à la remarque de Renoir : « *Dire qu'on a réussi à faire avaler au public, et à nous-mêmes peintres, toutes ces histoires de "peinture nouvelle" ! Peindre noir sur blanc, comme faisait Manet sous l'influence des Espagnols ou peindre clair sur clair, comme il l'a fait plus tard sous l'influence de Claude Monet, eh bien ! quoi ?... – sauf cependant qu'avec des manières différentes de peindre on obtient des résultats plus ou moins heureux, suivant le tempérament de l'artiste. Ainsi c'est chose certaine qu'avec le noir et le blanc, Manet était beaucoup plus maître de son affaire qu'avec les clairs...* »

Nous abordons là un sujet grave dont Guinan est une parfaite illustration : le problème de la censure culturelle sur la création artistique. Nous avons vu que le modernisme est un discours culturel qui ne veut retenir d'une forme artistique que son historicité. Or le réalisme est "transhistorique". Il n'est pas apparu à un moment de l'histoire pour disparaître ensuite, rendu caduc par une évolution irréversible. C'est un genre récurrent. Pour prendre l'exemple de l'art français, Clouet, Philippe de

Champaigne, Chardin, Courbet, Manet ont trouvé là, chacun à son époque, le moyen de répondre à leurs préoccupations expressives. Si l'on appliquait aux siècles passés le schéma d'une histoire linéaire que l'on impose à l'art du XXe siècle, Courbet qui revient aux sources du réalisme français du XVIIe siècle serait considéré comme un artiste réactionnaire. Selon le modèle de la critique moderne, après le romantisme, on aurait dû avoir le fauvisme. Vouloir juger selon le critère de la modernité amène à nier non plus la validité d'une œuvre mais d'un genre entier. Dès lors c'est la liberté de l'artiste qui est en jeu. Traitant dans son "Discours du Prix Nobel" de la querelle nouveau roman - roman psychologique, Saul Bellow a très bien posé la question de la censure intellectuelle en art :

"Portrait d'Emile Breda"
1970

« *... Il y a des écrivains pour qui le roman conradien – et les romans de ce genre en général – sont finis à jamais. Finis. Il y a par exemple Monsieur Alain Robbe-Grillet, un des leaders de la littérature française, un porte-parole du choséisme... L'essai de Robbe-Grillet s'intitule "Sur quelques notions périmées". Je suis moi-même passablement fatigué des notions périmées et des momies en général, mais je ne me lasse jamais de lire les grands romanciers classiques. Et que faire des personnages de leurs romans ? Est-il nécessaire d'abandonner l'étude psychologique ? Se peut-il que quelque chose d'aussi vital soit maintenant dépassé ?... L'individu est-il réellement si dépendant des conditions historiques et culturelles ? Devons-nous accepter la finalité de ces conditions telles qu'on les présente d'une façon si "avertie" ? Le fait que l'acte de décès du caractère ait été "enregistré par les plus sérieux essayistes" signifie seulement qu'un autre groupe de momies, les meneurs les plus respectables de la communauté intellectuelle, en a fait acte de Loi. Il m'amuse que des essayistes sérieux soient autorisés à signer le certificat de décès de genres littéraires. L'art est-il donc supposé se conformer à la culture ? Quelque chose a cloché.*

Rien ne dit qu'un romancier ne doive pas abandonner la forme du personnage si cette stratégie le stimule. Mais c'est un véritable non-sens que de déclarer à partir d'une base théorique que l'époque qui a marqué l'apogée du personnage à caractère, etc., est révolue. Il ne faut pas que nous fassions de nos intellectuels des "patrons". »

Après avoir libéré l'art du carcan académique, le modernisme entend lui imposer une nouvelle loi, symétrique de la précédente. Là où l'académisme faisait obligation de vénérer l'art du passé et de l'imiter, le modernisme impose de le réfuter. Qu'en est-il alors de la liberté de l'artiste ? C'est à lui seul de définir, selon sa stratégie, ce qu'il veut retenir ou rejeter. La question n'est pas de savoir si Guinan a le droit d'être réaliste en 1990 mais s'il est un bon peintre réaliste. Toute critique qui ne raisonne plus en termes de valeur mais de règle s'érige en censure. On peut légitimement se demander si l'œuvre de Guinan n'est qu'un pastiche d'œuvres anciennes ou si, dans une tradition stylistique qui remonte à l'Antiquité hellénistique, il donne de sujets actuels une représentation tout à la fois juste et personnelle, autrement dit, s'il fait acte de création, ce qui n'est pas nécessairement synonyme d'innovation ?

"Genel Ev"
1957

Gauguin et Toulouse-Lautrec sont, sans conteste, les peintres qui ont le plus marqué Robert Guinan. Sa peinture, entre 1955 et 1959, accuse très nettement leur influence. Pendant son service militaire au Proche-Orient et les années qui ont immédiatement suivi, Guinan n'hésite pas à reprendre à son compte les couleurs chaudes, vives et fermement cernées de Gauguin ou, au contraire, la peinture liquide, hachurée, de Toulouse-Lautrec. Si là était toute l'œuvre de Guinan, il apparaîtrait au mieux comme un petit maître. Après son entrée à l'école de l'Art Institute, les influences se font plus diffuses et superficielles. Il devient plus difficile d'identifier clairement des modèles. Dans l'œuvre réaliste de la maturité, seul son dessin, dans les premières esquisses, marque encore une parenté avec le trait souple, enroulé de Toulouse-Lautrec. Ce résidu stylistique ne fait bien évidemment pas de l'œuvre de Guinan un simple pastiche. L'artiste ne s'est pas pour autant forgé une identité picturale à coup de trucs et d'inventions aisément repérables. Alors que le plus clair du temps, les propositions les plus radicales et les plus révolutionnaires aboutissent à un art dépersonnalisé qui contraint leur auteur à veiller jalousement sur sa propriété artistique (geste, mode d'intervention, sujet exclusif...), Guinan, à force de travail et de réflexion, a réussi à assujettir la technique pour qu'elle donne une forme exacte de sa vision des êtres et des choses. Et c'est dans cette adéquation de la forme et de l'idée que réside le style : singulier sans être spectaculaire, reconnaissable sans être démonstratif, si constitutif de l'individualité créatrice qu'il devient inimitable. Dès lors, comme l'écrivait Bossuet, « *le style est l'homme même* » et l'œuvre, création.

Entre les deux approches de l'art qui s'affrontent aujourd'hui – c'est très abusivement que l'on répète à l'envi que la critique ne connaît plus de polémique – entre le critère du beau et celui du modernisme, la réflexion, ne fût-ce qu'ébauchée comme nous venons de le faire, nous conduit à choisir le premier et cela pour deux raisons. Premièrement, comme nous l'avons vu, la beauté est une valeur consensuelle par-delà les limites que la subjectivité impose au goût alors que le modernisme qui relève d'une théorie de l'histoire est une grille culturelle qui, en entravant la liberté de l'artiste, trouble le dialogue qu'instaure tout grand artiste entre le monde et nous.

Beauté et expressivité

La deuxième raison que nous allons tenter d'exposer à présent tient à la nature même de l'expression en art. Nous avons tous en mémoire la remarque de Rodin : « *C'est qu'en effet, dans l'Art, est beau uniquement ce qui a du caractère [...] Le caractère, c'est la vérité intense d'un spectacle naturel quelconque, beau ou laid [...] Et ce qui est considéré comme laid dans la Nature présente souvent plus de caractère que ce qui est qualifié beau [...] Est laid dans l'Art ce qui est faux, ce qui est artificiel, ce qui cherche à être joli ou beau au lieu d'être expressif, ce qui est mièvre et précieux..., tout ce qui est sans âme et sans vérité, tout ce qui n'est que parade de beauté ou de grâce, tout ce qui ment.* »

D'aucuns, s'arrêtant à ce postulat, ont affirmé qu'à l'époque moderne, l'art cessait d'être la recherche du beau. En réalité, Rodin se contentait de réagir aux errements de la seconde moitié du XIXe siècle. L'exigence académique du beau idéal voulait que l'on peigne "classiquement", c'est-à-dire avec grâce et élégance, des sujets choisis pour leur beauté naturelle ou parce qu'ils élèvent l'âme. Cette définition dogmatique du beau était donc essentiellement comprise comme beauté du sujet. Remarquons que la bourgeoisie du Second Empire et de la Troisième République avait des exigences auxquelles ne prétendait pas l'époque classique. Faut-il prendre pour exemple les collections de Louis XIV. Caravage et ses émules français, Valentin et Vignon, avoisinaient Poussin et les maîtres de la Renaissance italienne. Le moins que l'on puisse dire c'est que la *Mort de la Vierge* de Caravage, avec son ventre ballonné et sa position obscène, ne correspond pas à l'image angélique de la mère de Dieu. Pour l'homme du XVIIe siècle comme pour nous, la beauté en peinture est beauté du médium et non pas du sujet. Ainsi l'écrivait Kant, l'art « *ce n'est pas la représentation d'une belle chose, mais la belle représentation d'une chose* ». Et Rodin ne pensait pas autre chose que le philosophe allemand du XVIIIe siècle : « *Le grand point est d'être ému, d'aimer, d'espérer, de frémir, de vivre, d'être*

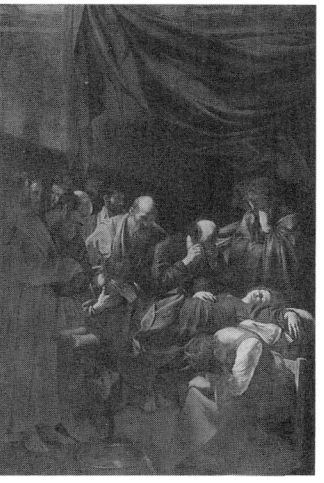

Le Caravage
"La mort de la Vierge"
1605-1606

homme avant d'être artiste... L'art n'est que sentiment. Mais sans la science des volumes, des proportions, des couleurs, sans l'adresse de la main, le sentiment le plus vif est paralysé... L'œuvre d'art n'est pas le produit spontané d'une inspiration, mais une composition équilibrée où l'intégrité de la forme, le rythme, les proportions, la science des rapports et des gradations jouent le rôle principal. »

En allant plus loin, nous pouvons avancer que seule la beauté formelle permet l'expressivité en art. Prenons-en pour preuve la photographie. L'enregistrement mécanique du réel devrait suffire à rendre compte de la beauté ou de la laideur du sujet. Mais si nous cherchons à nous remémorer le drame et l'horreur de la guerre d'Espagne, du Vietnam, l'espoir trahi des étudiants chinois de la place de Tienanmen, immanquablement surgissent le républicain abattu photographié par Robert Capa, la petite fille courant nue sur une route ou un homme seul devant une colonne de chars. Toutes photographies dont on peut admirer la composition, la science des rythmes et les rapports de valeurs. A contrario, des émeutes qui ont entraîné la chute de Ceaucescu en Roumanie, les images vidéo retransmises par les télévisions, mal éclairées et mal cadrées, ne nous laissent déjà plus qu'un souvenir confus.

Faire ainsi l'impasse sur la beauté en art, c'est hypothéquer du même coup toute chance d'expressivité et nous priver d'émotion et de plaisir. Puisqu'il n'est d'expression sans beauté, la laideur qui dans la nature provoque horreur et dégoût nous procure en art attirance et satisfaction. L'effroi en art est toujours voluptueux. Nous avions rappelé en introduction que pour être une valeur la beauté ne tolère pas de définition. On pourrait ajouter à présent qu'on la reconnaît entre autres à sa capacité de rendre délectable jusqu'à la laideur du sujet.

Personne ne nous contredira si nous affirmons que les sujets de Guinan ne sont point beaux : le plus souvent anodins et quelquefois laids. On a d'ailleurs beaucoup glosé sur les lieux décrépits et les corps "*malades*". Pourtant nous ne nous privons pas de les contempler, partagés entre un sentiment de douce tristesse et un plaisir intense. L'analyse formelle permet de comprendre les raisons de cette joie physique. Elle semble tenir principalement à une sensation contradictoire de poids et de fluidité. La solidité des formes, contenues par un dessin ferme et une composition orthogonale, est contredite par la liquidité de la matière. D'apparence sèche et lisse (Guinan n'a d'ailleurs de cesse d'enlever le gras, l'excédent), la matière procure pourtant une impression de profondeur. Il imprègne de peinture acrylique le support Isorel en le tamponnant avec des éponges. Puis il passe un glacis qu'il essuie mais dont les traces presque imperceptibles donnent de la profondeur à la couleur bien que la surface soit soigneusement lissée. C'est cette réfraction miroitante des couches picturales qui explique le côté fluide de sa peinture. Qui plus est, la lumière comme diffractée dans la superposition des couches semble voilée. Elle sourd à peine à la surface. La richesse sensorielle qu'offre sa peinture – solidité, opacité et, en même temps, fluidité et profondeur chromatique – explique le climat particulier de son œuvre et sa beauté.

Reconnaît-on l'inadéquation de la valeur historique du modernisme en matière de jugement artistique, un doute subsiste encore. Le réalisme n'est-il pas, malgré tout, un genre mineur ? L'artiste fait-il vraiment œuvre de création, qui se contente d'imiter la nature ? Ce mépris très couramment affiché de nos jours laisse rêveur. Il tient pour insignifiant ce qui fut l'ambition avouée de grands maîtres de l'art occidental. Mais, plus que tout, il marque une profonde incompréhension du problème complexe de la représentation.

Représentation réaliste : la question de l'imitation

Dans le rapport qu'il entretient avec le réel, l'artiste peut privilégier soit le sujet pensant soit l'objet. Dans le premier cas, il fera une œuvre de raison en développant son idée des choses ou mettra en avant ses états psychologiques. Dans le deuxième cas, celui du réalisme, l'artiste cherchant à s'effacer au profit du réel, tendra à l'imitation. Soit dit en passant, le processus analytique de l'art historique n'est jamais qu'un effort de compréhension rationnelle d'une partie infinitésimale du réel : l'art.

Pour Guinan, l'art ne peut trouver en lui seul sa propre justification, se résumer à une expérimentation plastique. S'il a refait un peu, comme il le dit lui-même, de l'histoire de l'art, ce ne fut que le temps d'une parenthèse, avant de revenir à la réalité. Sa conversation ne roule pas, on s'en douterait, sur des questions d'esthétique, sur l'actualité artistique avec ses mouvements, ses querelles et ses stratégies. Mais il vous parle de Chicago, des problèmes raciaux, d'histoire, de la vie de ses modèles... Il partage assurément l'irritation de Degas qui souhaitait qu'on en finisse avec l'art, avec l'esthétique : « *Je dînais hier chez Rouart ; il y avait là ses fils et des jeunes gens – tous parlant d'art ! J'ai éclaté. Ce qui m'intéresse, moi, c'est le travail, c'est le commerce, c'est l'armée !* » Nous voilà loin de l'art autistique, tout occupé de lui seul !

Peindre, pour Guinan, c'est être dans une relation au monde, en donner une image vraie. Et la réalité n'est pas une simple matière première à travers laquelle il transpose ses sentiments. Chez lui, aucun expressionnisme ni introspection. Son seul autoportrait est une silhouette floue dans le *Portrait de Judy* où il apparaît dans le reflet d'une vitre en train de dessiner son modèle. Il n'est rien de plus qu'un élément de la réalité visible. Il ne projette pas non plus sur quelques figures choisies et indéfiniment ressassées l'ombre de sa vie intérieure. Ce n'est pas lui qu'il cherche partout et en toute chose. « *Ce qui compte*, écrit-il, *c'est d'avoir quelque chose à regarder [...]*

"Portrait de Judy"
1988

"Ravenswood III"
1984

Choisir une silhouette dans un train qui passe ou dans un bar mal éclairé. Saisir l'attitude, l'inclinaison de la tête, la lumière qui glisse sur une chevelure. » Les êtres et les choses existent en dehors du peintre. Il lui faut tendre vers eux. Que cette curiosité vienne à s'émousser et c'est la crise. Son œuvre est ainsi faite de coups d'accélération quand il s'enthousiasme pour un nouveau modèle (Emile Breda, Mary Turner, Géraldine...) ou un nouveau lieu (The Bohemian Club Bar, The Double Door Bar ou le métro à Ravenswood Station...) et de temps de latence qui sont moins des crises stylistiques que des crises du sujet. Autant dire que Guinan n'est pas précisément ce que l'on appelle un peintre d'idées. Sans pousser le trait jusqu'à la caricature comme Courbet qui demandait à un jeune artiste lui présentant une tête de Christ s'il l'avait donc connu, il est certain que Guinan aime représenter avant tout la réalité visible. Il n'a que très rarement conçu ou inventé le sujet d'un tableau. Comme je lui faisais remarquer qu'au moins une fois, avec *Christmas Nightmare* de 1968, il avait fait appel à son imagination, il s'est empressé de rectifier qu'il n'avait rien inventé. Au réveil, le cauchemar était très présent. Il n'avait fait que peindre cette vision nocturne.

"Christmas Nightmare"
1967

Dans les années 60, Guinan a volontiers traité des thèmes historiques ou littéraires. Ce ne sont jamais des compositions libres sur une idée générale mais des illustrations de texte : dessins à la plume d'après le *Rameau d'Or* de Frazer, lithographies inspirées des poèmes de Cavafy, tableaux illustrant des passages de *Notre-Dame des Fleurs* de Jean Genet ou encore le *Retable aux neuf saints* d'après une étude iconographique sur les symboles chrétiens et l'histoire des saints. Le texte fournissant toujours une information lacunaire par rapport à l'image, son adaptation devrait laisser une large place à l'interprétation. Mais Guinan préfère ignorer les éléments que le texte n'indique pas plutôt que de les inventer. Ainsi, dans le *Retable aux neuf saints*, l'accent est mis sur les attributs et sur les actions décrits dans le texte. Puisque la lecture nous apprend peu de chose sur l'apparence physique des personnages et sur leur psychologie, les silhouettes restent floues et les saints endurent supplices et merveilles sans piper mot.

"Déméter interrompue"
1963

Depuis 1970, Guinan tire tous ses sujets, la règle ne souffre aucune exception, de la réalité visible. Le tableau, encore une fois, sera d'autant plus descriptif que Guinan aura disposé de temps pour l'étude sur le motif, pour la collecte des informations. Un bout de film nous le montre au cours d'une séance de dessin. Le va-et-vient de l'œil du modèle à la feuille est incessant. Guinan ne fait pas sien le conseil de Degas : « *C'est très bien de copier ce que l'on voit ; c'est beaucoup mieux de dessiner ce que l'on ne voit plus que dans sa mémoire. C'est une transformation pendant laquelle l'imagination collabore avec la mémoire.* » Il ne cherche pas à se soustraire à la tyrannie qu'exerce la nature. Pour lui, l'intensité de l'œuvre, sa justesse ne peuvent être obtenues que par un paroxysme de l'attention.

On ne manquera pas d'objecter que prétendre à la réalité est une vaine entreprise. Les progrès des sciences ne nous ont-ils pas appris que la réalité des choses échappe à notre pauvre perception ? Que la réalité soit multiple, insaisissable et sa perception relative, l'humanité n'a pas attendu une technicité sophistiquée pour le savoir. Il n'existe pas une vérité mais des vérités relatives qui, loin de s'annuler, se superposent, se complètent. La physique a beau nous apprendre qu'un objet est fait de particules en mouvement, d'une matière discontinue, dans notre vision oculaire, il reste néanmoins plein et statique. Ce que Guinan peint, ce n'est bien évidemment pas la réalité mais sa vision de la réalité.
Voilà d'emblée invalidé l'argument si souvent avancé contre le réalisme : à quoi bon tant d'efforts pour donner des choses une représentation dont l'exactitude restera toujours en deçà de l'enregistrement mécanique de la photographie ? Puisque la réalité n'est pas une et objective mais soumise aux aléas de la perception, la neutralité de la technique photographique ne permettra pas de restituer le sentiment que nous avons des choses. Si nous nous contentons en effet de déclencher l'appareil, au hasard, sans intention préalable, l'image obtenue aura un caractère abstrait et irréel. Contrairement à ce que voulait croire Emile Zola, ce n'est pas la photo qui fait le regard mais le regard la photo. Le romancier naturaliste pensait que : « *... l'on n'a pas vu réellement quelque chose tant qu'on ne l'a pas photographié. La photographie met en évidence une foule de détails qui seraient passés inaperçus et que l'on aurait pas pu repérer pour la plupart.* »

L'image photographique équivaut à une impression rétinienne. Ce n'est rien de plus que la perception de l'instant d'un objet. Il en va tout autrement de la vision humaine qui est la synthèse mentale d'une foule d'impressions visuelles. Là où la photographie étudie un objet dans son étendue physique, la perception humaine ajoute la dimension temporelle de la mémoire. Comme l'écrivait Marcel Gromaire : « *L'évocation peinte ou sculptée du moindre objet apparaît, dès l'abord, comme une notion très complexe. Lorsque Chardin peignait une simple pomme, des représentations antérieures, conservées dans sa mémoire, s'alliaient à cette image pour lui présente, et les idées de lumière et de couleur, d'espace, de pesanteur, de germination même du fruit, jouaient pour faire de cette simple pomme un microcosme. Le réalisme, à ce premier stade, n'est donc pas un acte purement réceptif. Il est déjà la recherche de la totalité d'un objet...* »

Guinan n'a qu'exceptionnellement peint d'après photo car « *le tableau ressemble trop alors à la photographie* ». Ce médium ne permet pas, à son avis, la meilleure approximation du réel. Aussi lui préfère-t-il le dessin qui, s'inscrivant dans une durée, s'apparente davantage à la représentation mentale que nous avons des choses. C'est si vrai que du dessin très poussé de *Elevated Tracks across Lincoln Avenue* de 1979 ou de la photographie, c'est le dessin qui apparaît le plus complet et le plus objectif. Tous les détails de ce paysage urbain ont été méticuleusement relevés au cours de plusieurs nuits de travail puis réassemblés dans la composition d'ensemble. Aussi n'y-a-t-il aucune hiérarchie dans la vision. Les ombres ne sont plus absence de lumière mais des formes propres. Tous les objets reçoivent égale importance : au premier ou à l'arrière-plan, plus ou moins éclairés. Il n'en va pas de même de la photographie dont la technique est définie selon les lois optiques.

Pour une autre raison, la photographie ne peut donner un sentiment aussi vif du réel que la peinture. Notre perception sensorielle n'est jamais purement visuelle. S'y mêlent intimement des sensations tactiles, auditives et, moins systématiquement, olfactives et gustatives. Nous ne percevons pas une personne, un lieu, un objet comme une image mais comme une présence dont nos cinq sens définissent la réalité. Parce qu'elle est une "langue" toute physique, une élaboration de la matière, la peinture flatte en nous plusieurs sens, à commencer

Etude pour
"Elevated Tracks across Lincoln Avenue"
1979

par la vue et le toucher et, par le jeu des analogies, l'ouïe et le goût. Les métaphores littéraires dont nous usons à tout moment rappellent, s'il en est besoin, la richesse sensorielle de la peinture. Ne décrivons-nous pas une matière comme onctueuse ou sèche, une couleur comme stridente, une peinture comme sonore ou sourde... ?

Admettons que la peinture ait des qualités propres qui lui permettent plus que tout autre médium de restituer la sensation du réel. Faut-il pour autant voir dans la pratique mimétique du réalisme une forme d'invention, de création ou un simple exercice mécanique qui exigerait au mieux l'habileté manuelle d'un bon artisan ?

Le vrai, le véridique, le vraisemblable

Commençons par rappeler que l'imitation n'est pas l'apanage exclusif du réalisme. Certaines formes d'art considérées comme abstraites y ont recours. Ainsi la peinture concrète du début du siècle ou, plus récemment, le minimalisme offrent des exemples patents d'imitation. Les figures géométriques relèvent, tout autant que d'autres, de la réalité matérielle. Comme le disait Chagall : « *Un cube, je sais ce que c'est, je peux m'asseoir dessus.* » Autre exemple, l'esthétique du mur forme un chapitre à part dans l'histoire de l'art au XXe siècle (des photographies de Brassaï aux graffitistes). Dans les années 50, des dizaines de peintres informels se sont livrés à des acrobaties techniques pour faire des tableaux-matière qui étaient comme autant de morceaux de murs, représentés avec un souci de ressemblance naturaliste dont on n'imaginerait pas capables des artistes abstraits.

Dans l'esprit de beaucoup le peintre réaliste est cet artiste un peu stupide tout juste bon à copier ce qu'il a sous le nez. Mais trente secondes de réflexion suffisent pour réaliser que le spectacle naturel qui s'offre à lui est d'une incroyable complexité, qu'il s'attaque précisément à ce qui résiste le plus à toute tentative de copie. Comment, sur une surface plane, avec un peu de matière colorée, copier la texture, le poids, le volume d'un objet, le mouvement et l'organicité d'un corps vivant ? Ne parlons même pas du portrait qui entend peindre la vie intérieure du modèle. Les détracteurs du réalisme ne savent pas reconnaître la bêtise, eux qui méprisent l'imitation de la nature et admirent les photoréalistes ou les figures géométriques d'un Sol LeWitt. Il est intellectuellement plus facile de copier une photographie ou ces figures dont nous avons tous rempli nos cahiers d'écoliers qu'un simple radis.

Sol LeWitt
"Lines from Sides, Corners and Center"
1977

Ce n'est pas le sujet qu'invente le peintre réaliste, c'est la peinture : là porte tout son effort d'imagination. Comme le faisait déjà remarquer Degas : « *L'art, c'est le même mot qu'artifice, c'est-à-dire une chose trompeuse. Il doit arriver à donner l'impression de la nature avec des moyens faux ; mais il faut que cela paraisse vrai. Faites une ligne droite de travers : pourvu qu'elle donne l'impression d'être droite ! [...] Le dessin, ce n'est pas ce que l'on voit, mais ce qu'il faut faire voir aux autres. Le dessin, ce n'est pas la forme, c'est la sensation qu'on en a.* » Et il n'en va pas autrement pour la couleur comme le démontre cette anecdote rapportée par le même Degas : « *Il y a un peintre nommé Humbert, qui a des élèves. Il leur dit : "Il faut que vous fassiez le ton du modèle"... et il va mettre la toile à côté du modèle... Pour faire ça, il faut être d'un bête ! que ce n'est pas la peine d'y penser. C'est pour vous dire que tout est relation dans un tableau [...] Nous faisons le soleil avec du jaune d'œuf ; allez donc me mettre votre toile à côté du soleil !* ». Pour que le résultat soit vrai, pour que nous ayons le sentiment de la réalité, l'artiste ne peut user de moyens véridiques, copier littéralement une forme ou une couleur. Ce n'est qu'en "trichant", en transposant qu'il atteindra la vraisemblance. La fidélité au sujet n'est jamais de pure imitation. Aussi devrions-nous changer nos habitudes de langage et ne plus dire d'une peinture réaliste qu'elle est bien imitée mais qu'elle est bien inventée.

Guinan ne déroge pas à cette contrainte de l'expressivité artistique. Tout d'abord dans le choix des sujets, il cherche ce qui dans la nature visible a une valeur picturale. Ensuite, il n'hésite pas, si la composition l'exige, à supprimer des personnages, à resserrer un "cadrage" ou à synthétiser plusieurs scènes comme dans *J.N.L. Memory* de 1981. Mais c'est pour la couleur que la part d'invention est la plus grande. Il n'est pas de couleur qui ne soit choisie en relation avec les autres couleurs du tableau.

"J.N.L. Memory"
1981
"Jeune prostituée et son protecteur"
1980

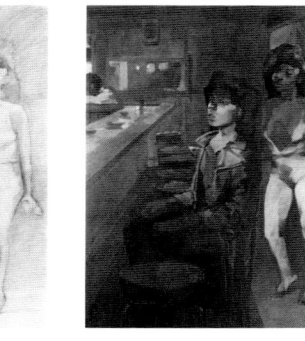

S'il reprend le ton du modèle, il fixe son intensité lumineuse, sa valeur, en fonction des autres valeurs pour obtenir une unité. Comme sa méthode contredit cette recherche d'unité tonale, il utilise des glacis. Guinan commence, en effet, par dessiner sur le support, le plus souvent un panneau d'Isorel enduit d'une sous-couche de blanc cassé, puis il monte la peinture motif par motif. Pour éviter alors que l'attention ne se perde dans les détails, il passe des couches de glacis dans le ton dominant qu'il essuie ensuite soigneusement. Les infimes traces de glacis estompent le graphisme, fondent les masses colorées et assurent au tableau une unité.

On comprend que de grands maîtres se soient assignés comme ambition d'imiter la nature. Car pour donner le sentiment de la réalité, c'est-à-dire la sensation de la présence physique des choses et non pas seulement leur image, pour atteindre à cette magie de l'art, le peintre doit posséder deux qualités très rarement réunies : une sensibilité vive qui lui permette de comprendre intimement les choses et une grande intelligence du médium.

La tradition réaliste américaine

Peintre réaliste américain, voilà qui est presque un pléonasme. Autant dire que Guinan est en nombreuse compagnie. Considéré comme un genre national, le réalisme, aux Etats-Unis, jouit d'un grand prestige. Là où les Européens ne voient souvent qu'un art mineur, cultivé par des esprits réactionnaires, incapables de véritable création, les Américains admirent, dans cette religion du réel, une des manifestations les plus élevées de l'art. Pour bien juger de l'œuvre de Guinan, il faut donc analyser les grandes caractéristiques de cette tradition nationale qui se divise, au XXe siècle, en deux grandes tendances : tautologie et rhétorique.

Pour se dégager de l'emprise des modèles européens, les artistes américains recoururent à un genre qui, s'il n'était pas nouveau en soi pouvait, pensaient-ils, incarner la réalité de l'Amérique et ses valeurs spirituelles : l'illusionnisme.

L'illusionnisme : valeur religieuse du constat
Précisionnisme, pop art, hyperréalisme

Ce fut, au sortir de la Première Guerre mondiale, le précisionnisme de Charles Sheeler. Il commença par peindre des paysages industriels et des machines en s'efforçant à l'objectivité, à la véracité de la photographie puis, tout naturellement, il en vint à copier des photographies. Au début des années 60, les pop s'intéressèrent aux techniques de conditionnement commercial et aux mass-media de l'économie de consommation. Roy Lichtenstein copiait, en les agrandissant, des vignettes de bande dessinée, Andy Warhol reproduisait les affiches publicitaires des soupes Campbell... L'objectivité photographique restait le modèle stylistique. Il en est de même des hyperréalistes qui peignirent, dans les années 70, les lieux communs de la civilisation nord-américaine : drugstores, étalages de supermarchés, rodéos populaires, cimetières de voitures... Comme pour le précisionnisme de Sheeler, la photographie redevint sujet de la peinture et modèle stylistique.

Ces trois mouvements, considérés comme authentiquement américains, se sont épanouis dans des périodes de prospérité économique. Ils partagent la même ambition : en finir avec la fausseté de l'art, c'est-à-dire avec ce qui s'oppose à l'exactitude de l'imitation, la peinture elle-même. La nature réfute toute transcription littérale. On partira donc de son image mécanique. En ramenant à deux dimensions l'espace naturel, la photographie règle un des problèmes majeurs de la peinture, la représentation de la profondeur sur une surface plane. L'image comme sujet du tableau, voilà levé le principal obstacle à la conformité de la copie. Mais il faut encore que le peintre fasse preuve d'une stricte neutralité, qu'il dresse de l'image le même constat objectif que la photographie de la nature. Sa facture sera impersonnelle, lisse et froide.

Roy Lichtenstein
"WHAAM!"
1965

Andy Warhol
"Torn Campbell's Soup"
1962

Le mérite du peintre se résumera donc à son habileté de copiste, à son savoir-faire artisanal. Maintenant qu'il ne se distingue plus des autres par son style, il lui faut se spécialiser pour rester malgré tout un artiste, c'est-à-dire une individualité créatrice. Parmi les hyperréalistes, Ralph Goings est le maître des camions et baraques à hamburgers, Noel Mahaffey l'expert en immeubles. Richard MacLean peint des concours hippiques "western" et Richard Estes des paysages urbains saisis dans un reflet. L'appropriation des sujets va de pair avec l'anonymat de la peinture. Nous avons un procédé véridique pour un résultat faux. La peinture se fait passer pour ce qu'elle n'est pas : elle cesse d'être un art indépendant, avec des moyens et un mode d'expression propres, pour singer la photographie.

Richard Estes
"Grossinger's Bakery"
1972

Même s'il atteint un degré de véracité jamais égalé précédemment, cet illusionnisme n'est pas nouveau en soi. Il était déjà très en vogue dans les ateliers parisiens sous le Second Empire. Pour peindre des Retraites de Russie plus vraies que nature, Meissonier disposait ses modèles – canons, chevaux, soldats miniatures – sur une couche "*neigeuse*" d'acide borique. Et le critique Léonce Benedite d'écrire : « *C'est ici la réalité même, une réalité prise par une sorte d'appareil extraordinaire, d'objectif supérieurement conscient et clairvoyant où l'on regrette peut-être un peu, comme toujours, que la personnalité de l'auteur reste cachée, comme indifférente, au lieu de participer à la scène et de nous y introduire nous-mêmes violemment par la véhémence de quelques accords.* »

Ernest Meissonier
"Campagne de France 1814"
1862

Cette préoccupation du concret, de l'objectif, du littéral ne concerne pas la seule figuration illusionniste. On la retrouve dans des mouvements que l'on croirait aux antipodes. Sol LeWitt ne procède pas autrement que nos illusionnistes. Il copie des figures géométriques comme Estes une photographie. Interrogé par André Parinaud en 1961, Rauschenberg va jusqu'à affirmer que « *la peinture même est un objet, et la toile aussi. A mon avis, le vide qui doit être rempli n'existe pas.* »

La critique française ne peut comprendre ce constat neutre d'une réalité qui lui semble écœurante de banalité. Ainsi François Mathey, dans son livre sur le réalisme américain, voudrait que les générations des années 60 et 70 soient résignées : « *La génération de 1960 n'a guère d'illusion [...] Différents*

Charles Sheeler
"Puissance en marche"
1939

de leurs homologues français, les Nouveaux Réalistes, les Pop artistes ne dénoncent ni ne se révoltent, à peine se moquent-ils d'eux-mêmes ou de la consommation... La génération montante des années 70 ne conteste pas la situation car elle l'éprouve et n'a guère d'illusion mais elle est prête à témoigner car le témoin est neutre aussi bien qu'implacable. » En fait de témoins implacables, Charles Sheeler, les pop ou les hyperréalistes seraient plutôt des témoins convaincus. Pourquoi dénoncer ce que l'on admire ? C'est un hymne au progrès, à la société d'abondance et à la puissance américaine qu'ils entonnent. Lorsque Charles Sheeler peint une locomotive qu'il intitule *Puissance en marche*, il ne dit pas autre chose qu'Andrew Carnegie : « *Les vieilles nations piétinent, à peine avancent-elles comme des escargots. La République, elle, progresse à la vitesse d'un train express... déjà l'Amérique est à la tête du monde civilisé.* » Ses usines sont immenses et majestueuses comme des cathédrales où l'ouvrier, comme on l'a dit, prie en travaillant. Les sandwichs géants d'Oldenburg, les personnages énormes de Duane Hanson ne condamnent pas un système économique qui transforme l'homme en tube digestif qui ne laissera après sa mort que des

Claes Oldenburg
"Pastry Case I"
1961-1962

latrines pleines. Ils exaltent la richesse de l'Amérique, véritable corne d'abondance. Le cimetière de voitures de Richard Estes ne dénonce pas les maux de la société de consommation, le gaspillage et la pollution. L'enchevêtrement des carcasses ne forme pas un amas de ferraille sale et rouillée mais un monument rutilant et immaculé.

En usant de l'imitation photographique, ces mouvements illusionnistes veulent faire de la peinture un acte en conformité avec la réalité, épiphanie de Dieu. Par le choix de leurs sujets, ils entendent démontrer la puissance économique de l'Amérique dont la réussite est la preuve qu'elle est la nation de Dieu, l'avenir de l'humanité. Un seul exemple suffit à prouver la collusion de l'économique et du religieux dans l'esprit des Américains. La devise du billet vert n'est-elle pas "In God we trust", "Nous nous en remettons à Dieu" ? La constitution américaine garantit la liberté de culte. Ne nous pressons pas de conclure, en transposant notre situation française, à la laïcité de la nation américaine. Quelle que soit leur confession, tous les Américains communient dans une même "religion civile" qui associe des concepts bibliques à l'histoire du pays. Lors de son investiture, le Président jure sur la Bible de respecter la Constitution. La fête nationale de Thanksgiving est une commémoration de l'action de grâce des Pères pèlerins. Fuyant l'Europe et les persécutions religieuses, ils remercièrent Dieu de leur avoir donné cette terre pour y construire Sa république. Ces exemples parmi d'autres manifestent la foi collective dans les dogmes du Contrat originel, du Peuple élu, de la Terre promise et de la Destinée manifeste des Etats-Unis.

Par sa croyance en la prédestination, cette "religion civile" accuse l'héritage des idées de la Réforme. La prédestination est, en effet, la négation du dogme catholique de la liberté. Pour l'Eglise romaine, l'homme, à l'image de Dieu, est libre de choisir entre le Bien et le Mal. Dans la religion réformée, après la chute, on ne peut plus parler de libre arbitre car ce qui domine désormais l'homme est son égocentrisme absolu. Il ne peut être sauvé que par sa foi dans le Christ qui lui est accordée gratuitement par Dieu. Exit la liberté et, en conséquence, la possibilité d'être dans un rapport adéquat avec Dieu par ses propres œuvres, la communion des saints, la rédemption des péchés... Les religions réformées américaines adoucissent le pessimisme et le doute absolu de la révélation originelle de Luther. Selon un mode de pensée archaïque, la doctrine de la rétribution, elles veulent voir dans la réussite ou l'échec matériels la preuve de la grâce ou de la disgrâce divine. A la grande loterie de Dieu, il y a les *winners* et les *losers*. Le peintre qui, en s'efforçant à l'objectivité, écarte sa subjectivité – ce qui nous apparaît comme l'exercice de son libre arbitre – se conforme à l'ordre des choses et fait, du même coup, acte de référence devant la toute-puissance divine. L'illusionnisme américain est un acte de foi.

A la différence de l'illusionnisme, la figuration narrative n'offre pas d'unité stylistique. Impressionnisme, expressionnisme, caricature journalistique, naturalisme sont autant de moyens rhétoriques pour discourir sur la réalité. Les peintres de l'Ash Can School et du réalisme social entendent, eux aussi, peindre la réalité de l'Amérique qui n'est pas la société progressiste des illusionnistes, puissante et riche.

Le réalisme narratif : rhétorique et contestation. Ash Can School, réalisme social

Ils partagent l'analyse de Whitman : « *Je prétends que notre démocratie du Nouveau Monde, quels que soient les succès qu'elle a remportés en élevant le niveau des masses, en accomplissant des prodiges matériels, même en développant jusqu'à un certain point, un mouvement d'idées, bien superficiel, n'a abouti jusqu'à présent, qu'à un échec presque complet dans ses aspects sociaux, et dans ses résultats religieux, moraux, littéraires et esthétiques.* » Et ils entendent bien le démontrer en mettant en scène la misère et les inégalités sociales, la souffrance morale des hommes dans la solitude et l'anonymat des villes.

Au tournant du siècle, des peintres entraînés par Robert Henri croient à « *la signification poétique et picturale du métro aérien et du gratte-ciel, des foules et des corons* ». Ils ont fait le voyage de Paris et transposent les sujets impressionnistes sous les cieux de Philadelphie ou de New York. Leurs sujets, tirés de la vie ordinaire, leur valent l'accusation de se vautrer dans le sordide. Ils forment l'Ecole de la Poubelle. C'est la version américaine de la querelle impressionnisme-académie, la vie contre la tradition d'école, la scène de genre contre la grande peinture d'histoire. Ce qui les réunit, c'est moins le style que le cas qu'ils font des réalités centrales ou épisodiques de leur époque. Robert Henri, William Glackens, Everett Shinn retiennent la leçon impressionniste. Leur exécution est enlevée, à touches rapides et croisées. Grands boulevards, cafés élégants, portraits mondains : tout cela sent bon le chic  parisien. La peinture de John Sloan, de George Luks et de George Bellows est plus plébéienne. Le premier évoque le petit peuple dans ses activités quotidiennes, les mouvements de foule. Les sujets sont encore ceux de l'impressionnisme mais la fameuse touche perd de sa légèreté : elle s'empâte. George Luks préfère les bas-fonds où il peint avec complaisance

George Luks (1867-1933) *"Le mineur"*

George Bellows
"Both Members of the Club"
1909

Edward Hopper
"Chop Suey"
1929

Raphael Soyer
"Bus Passengers"
1938

la canaille. Sombre, avec des effets marqués de clair-obscur, sa facture rappelle Daumier mais il ne retient pas sa leçon de dignité. On sombre dans le naturalisme. Il pourrait reprendre à son compte la critique de Degas : « *Le vrai, on ne le rend qu'à condition de ne pas chercher de parti pris la laideur. J'ai le plus profond dégoût pour ces plats réalistes que nous voyons aujourd'hui appuyer, dans leurs interprétations de la vie, uniquement sur le côté canaille des êtres.* » George Bellows peint des combats de boxe avec une véhémence, une brutalité tout expressionnistes. Bien que plus jeune, Edward Hopper qui fut l'élève de Robert Henri est proche d'eux. Dans ses scènes de genre les plus anecdotiques comme *Tables pour dames* ou *Chop Suey*, il rappelle John Sloan. Ils s'entendent à merveille pour réduire une figure à un stéréotype d'époque. Mais il sait aussi révéler une réalité plus intemporelle de l'Amérique. Chambre de motel, pompe à essence au bord d'une route sans nom, quai de gare au petit matin symbolisent la mobilité d'hommes sans racines, voués à des lieux anonymes. Il rend sensible la solitude des villes où l'on mène, au bureau et chez soi, des vies uniformes.

Plus encore que l'Ash Can School, le réalisme social nous laisse des documents sur l'actualité sociale des années 30. La crise économique est terrible. Pour la première fois, semble-t-il, les peintres américains prennent position sur la situation sociale. Ils le font de façon démagogique en désignant à la colère populaire les responsables de la crise ou en pleurant sur le sort des chômeurs, des sans-abri. Avec une matière lourde, écrasée, une touche carrée à la Beckmann, Jack Levine donne la charge contre les politiciens corrompus, les flics véreux et les gros bonnets du capitalisme. Sentimental, misérabiliste, le naturalisme de Raphael Soyer et de Reginald Marsh sombre dans le mélo. Seuls Ben Shahn et Philip Evergood méritent véritablement le titre de peintres de la protestation sociale. Ils ne se contentent pas de condamner la civilisation urbaine que Benton croyait gangrenée par les communistes et les homosexuels, d'aspirer, comme les représentants du réalisme national américain, Grant Wood et Andrew Wyeth, à un retour à la pureté morale de l'Amérique rurale. Ce ne sont pas des individus dévoyés qu'ils mettent sur la sellette mais la société américaine elle-même dont ils souhaitent changer l'ordre. Dans la série consacrée à l'affaire Sacco et Vanzetti, Ben Shahn dénonce en s'appuyant sur les techniques de la caricature journalistique la terreur anticommuniste et la xénophobie qui ont fait condamner à mort deux innocents. Avec des moyens comparables, Evergood montre comment l'ordre public réprima dans le sang une paisible manifestation des ouvriers des aciéries de Chicago-Sud. Naturalistes, expressionnistes, impressionnistes... ces peintres sont tout sauf réalistes. Pour nous accorder aux classifications en usage et les maintenir, coûte que coûte, dans la catégorie du réalisme, nous avons insisté sur les préoccupations humanitaires et sociales de leurs sujets. Depuis Courbet, en effet, il est entendu que le réalisme est un genre révolutionnaire qui s'emploie à changer la société en faisant une large part aux thèses sociales pour ne pas dire socialistes. Cette interprétation politique repose sur un malentendu initial. On a voulu pour des raisons qui échappent à la critique d'art et relèvent de convictions tout extérieures interpréter l'œuvre de Courbet à la lumière de son engagement socialiste. Nous n'ignorons rien de sa sympathie pour la Révolution de 1848 et de sa participation à la Commune de Paris. Il était le premier à parler de ses « *trente ans de vie publique révolutionnaire socialiste* ». Il allait jusqu'à dire : « *En 1848, j'arborai le drapeau du réalisme qui seul met l'art au service de l'homme.* » Voilà une justification bien tardive pour un peintre qui fut tant irrité d'être ainsi catalogué. Aussi profondes qu'aient pu être ses convictions révolutionnaires, sa peinture n'a jamais été l'instrument de ses idées. De savantes exégèses ont tenté de percer à jour le sens politique de l'*Atelier du peintre*. Pour séduisantes qu'elles soient, ce ne sont jamais que des interprétations parmi d'autres. Qu'après le néo-classicisme et le romantisme, le réalisme de Courbet ait peu satisfait une société française qui rêvait de victoires et de grandeur aristocratique n'en fait pas une peinture engagée, de propagande. On lui trouverait maints parallèles avec les maîtres du XVIIe siècle. Le nu lourd et si bestialement charnel de sa *Baigneuse* dont on a écrit qu'il pulvérisait les règles et la tradition du genre ne se paie pas de plus grande audace réaliste que les chairs défaites de la *Suzanne au bain* de Rembrandt. Avec les *Cribleuses de blé* va-t-on enfin tenir la dénonciation vibrante de l'aliénation de l'homme par le travail que l'on attendrait d'un révolutionnaire socialiste ? Malheureusement, comme l'écrit André Fermigier, « *Rien de sentimental ni de misérabiliste, ni même de particulièrement "social" dans cette évocation si noble d'un travail qui devait être pourtant fort pénible. Rien que "la vérité, l'âpre vérité", le respect de la force laborieuse, et le souci de représenter un geste très simple dans sa perfection.* »

Edward Hopper
"L'ouvreuse"
1949

Sentimentale, misérabiliste, "sociale", voilà précisément ce qu'est la figuration narrative de nos Américains, c'est-à-dire tout le contraire du réalisme qui traite avec respect et amour les êtres et les choses les plus humbles. Personne ne songerait à plaindre la Dentellière de Vermeer, les Paysans des Le Nain, les Servantes de Chardin, l'Olympia de Manet... Toute cette peinture rhétorique ne manifeste aucun désir de servir la vérité humaine des modèles auxquels n'est jamais concédée une conscience individuelle. Ce sont des stéréotypes ou des prétextes pour développer une idée générale. Prenons l'exemple de celui que l'on considère probablement avec raison comme le meilleur peintre figuratif américain de l'entre-deux-guerres, Edward Hopper. Ses figures féminines ne sont pas le portrait d'une personne mais des personnages pour lesquels sa femme a indifféremment posé. De péripétie, le statut social qui, dans un portrait réaliste, serait traité secondairement par quelques accessoires, devient le sujet du tableau. Le cinéma hollywoodien qu'aimait Hopper a fait une grosse consommation de ces clichés. Dans l'entre-deux-guerres, ce n'était pas un cinéma d'auteur. Les major companies fabriquaient en série des films qui renvoyaient à la société américaine l'image qu'elle se faisait d'elle-même. L'œuvre de Hopper est l'équivalent pictural le plus convaincant de l'image filmique qui incarne une vérité sociologique mais ce n'est que ça. Jusqu'au climat de ses tableaux de nous ramener aux genres cinématographiques du policier ou de la comédie dramatique. Ses compositions simplifiées, ramenées à ce qui peut servir la narration, relèvent également de la scénographie, du décor de cinéma.

La simplification de Hopper est un procédé narratif bien subtil comparé à la déformation de Luks, Levine ou à la caricature

Ben Shahn
"La passion de Sacco et Vanzetti"
1931-1932

rudimentaire de Ben Shahn. Dans *La passion de Sacco et Vanzetti* de Ben Shahn, le drame nous est conté dans son déroulement chronologique. La répartition des trois groupes de personnages vaut plusieurs discours politiques. D'un côté, des ouvriers réclament la libération des prisonniers. Au centre, pour marquer l'insignifiance du gouverneur du Massachusetts, Alvan Fuller, qui refusa de différer l'exécution, Ben Shahn recourt au procédé archaïque des variations d'échelle. Il est représenté comme un nain, trois fois moins grand que les figures héroïques de Sacco et Vanzetti. De l'autre côté, les sinistres gueules des membres du comité qui ont maintenu la sentence de mort dominent le cercueil des suppliciés. C'est l'inique pouvoir des riches contre l'impuissante justice des ouvriers. Il est peu probable que la réalité ait été aussi angéliquement sociale et que la classe ouvrière ait échappé à la xénophobie ambiante.

Cette volonté de "faire parler" la peinture, de plier les apparences à un discours, somme toute assez sommaire, sur la réalité du moment en utilisant des procédés narratifs est le contraire du réalisme qui représente avant tout les choses et les êtres dans leur présence silencieuse : interrogation de l'insondable, de l'infiniment complexe, méditation sur l'homme et le monde et non bruyante gesticulation rhétorique. On a fait remarquer qu'on dormait beaucoup chez Courbet. Chez Vermeer, on attend ; on médite chez Rembrandt. La pose, dans le portrait réaliste, est silencieuse, immobile. Le temps est arrêté. La volonté de raconter de petites histoires anodines, de commenter l'actualité sociale et politique relève plus du naturalisme que de l'intemporalité du réalisme.

De l'accord sans réserve de l'illusionnisme aux valeurs économiques donc spirituelles de la société américaine à la dénonciation de ses faiblesses sociales et de sa dégénérescence morale en milieu urbain par les figurations narratives, dans la peinture américaine, il est toujours question de la société et jamais de l'individu. Comme l'écrit très justement John W. Mc Coubrey dans l'introduction de *Peinture américaine contemporaine* aux éditions Time-Life : « *Les artistes d'outre-Atlantique ont toujours éprouvé la nécessité de faire un art utile, de le faire servir à quelque chose – peut-être parce qu'ils se méfient de l'art [...] C'est pourquoi, en grande partie, la peinture américaine est demeurée figurative et franchement narrative.* »

La singularité de Guinan

Guinan ne se rattache

assurément pas

à la tendance dominante

du réalisme

américain qu'est

l'illusionnisme.

Il ne part pas d'une image

que ce soit une affiche,

une photographie

ou une vignette

de bande dessinée

mais de la nature.

Ce qui écarte ainsi

d'entrée de jeu

toute tentation

de copie littérale.

Il n'y a jamais concordance mais correspondance : tout l'art de Guinan est d'analogie.

La relation au réel

Qui plus est, il ne cherche pas à dissimuler la picturalité du tableau en le faisant passer pour ce qu'il n'est pas (photographie ou quelque autre procédé graphique). Il a toujours, au contraire, avoué un goût très vif pour les matières. Ce désir de rendre la texture des objets l'a amené au début des années 70 à développer la technique du collage. Pour accentuer la sensation de matière, pour donner au tableau un "grain", il a utilisé du papier de soie, soigneusement découpé selon la forme des figures. Il a renoncé par la suite à cette technique qui lui procurait pourtant beaucoup de plaisir car elle allongeait le temps d'exécution et présentait un autre inconvénient : le papier de soie "boit" la peinture et atténue les contrastes de couleur. Avec le seul médium de la peinture, huile ou acrylique, Guinan excelle dans le rendu des matières, évoquant avec un soin méticuleux l'éclat du métal, la transparence du verre, les reflets de la lumière – dont la source est le plus souvent cachée – sur des surfaces diverses... Ce qui contribue pour beaucoup au plaisir physique que procure sa peinture.

Dans sa relation au réel, nous sommes également très loin du constat neutre que les illusionnistes américains entendent dresser d'une réalité américaine qui, pour eux, reflète un ordre des choses voulu par Dieu. Sa représentation du monde lui rend tout à fait étranger le "matérialisme transcendantal" de l'art américain. Pour contradictoires que ces termes puissent paraître, seule cette dévotion religieuse pour la réalité matérielle permet de comprendre l'attachement de la nation américaine à des formes d'art comme le précisionnisme, le pop art ou l'hyperréalisme.
Guinan choisit ses sujets pour les qualités formelles qu'il décèle en eux, ou parce qu'il leur trouve un accent d'authenticité qui répond à sa vérité intérieure – donnée éminemment subjective. Peindre devient dès lors un acte d'adhésion.
Si l'on dresse un rapide catalogue des sujets de Guinan, on est tenté de le rattacher au courant du réalisme narratif de l'entre-deux-guerres américain. Représenter des prostituées, des alcooliques, des chômeurs, des bouges et des ghettos noirs en

ruines pourrait être compris comme une protestation contre un ordre social injuste. On peut d'ailleurs se demander accessoirement pourquoi, cette misère et ce désarroi moral étant bien réels, si peu d'artistes américains contemporains s'en préoccupent. Mais la tentation ne résiste pas à l'examen car, si les sujets sont identiques, leur traitement est radicalement différent. Pour commencer, ce que nous savons de la marginalité des sujets de Guinan, nous l'apprenons par sa correspondance qui fourmille d'anecdotes sur la vie de ses modèles. Depuis 1970, sa peinture s'attache, en effet, de moins en moins à décrire leur condition sociale. L'écart entre la description littéraire des sujets et leur représentation picturale ne fait que se creuser.

Pour s'intéresser à un sujet, Guinan a toujours eu besoin de cette sensation d'exotisme que définit Segalen dans son *Essai sur l'exotisme* : « *La perception du Divers : ce qui est en dehors des faits de conscience actuels, quotidiens, tout ce qui n'est pas la "tonalité mentale" coutumière.* » Mais s'il y a une évolution dans l'œuvre de Guinan, c'est précisément la disparition progressive de l'exotisme. Il passe de l'exaltation de l'Autre à la reconnaissance du Même.

"Yasamin"
1957

Adolescent, c'est le *"prodigieux passé inconnu"* qui nourrissait son besoin d'exotisme. Il tirait ses sujets des récits de batailles et d'aventures historiques. Ses efforts narratifs, servis par un luxe de détails véridiques puisés dans les illustrations populaires, aboutissaient, en bonne logique, à des images documentaires. Pendant son service militaire au Proche-Orient, Guinan a peint indigènes et prostituées, suivant en cela l'exemple de Gauguin et Toulouse-Lautrec. Mais il n'en tirait que des images pittoresques, synonymes d'impressions de pays lointains. Il n'évitait ni le naturalisme folklorique ni l'effusion misérabiliste de l'exotisme "colonial". Danseuse du ventre, bohémienne mendiante, petits métiers traditionnels, bordels sordides... tous les clichés de l'Orient y sont passés. Mais pour lui c'était la véritable réalité, préservée des mirages de l'Occident moderne. C'est qu'il croyait pouvoir assimiler d'autres mœurs, d'autres nations. Guinan aspirait à cet univers culturel qu'il idéalisait. Selon l'expression de Segalen, « *il se mélange éperdument* » à son objet exotique. Rejetant ses origines, il lui arrivait même de se travestir. A son retour à Chicago, il invitait ses amis à boire un café turc, sur fond de musique grecque, vêtu d'un gilet taillé dans un tapis et coiffé d'une toque. Mais comme le rapporte son ami Scott Elliott: « *Personne ne pensait vraiment qu'il avait été en Afrique du Nord. On faisait semblant de le croire mais on y voyait de l'affectation.* »

"Kind Hearted Woman"
1988

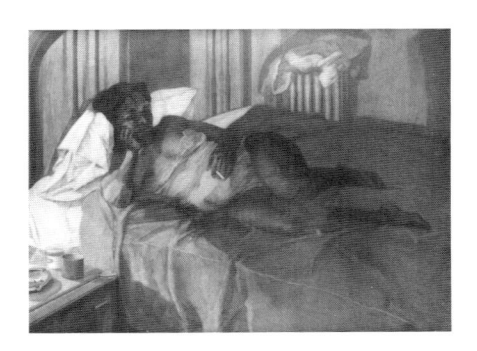

De Chicago, il connaît aussi l'histoire, la géographie instable des communautés ethniques. Mais cette fois c'est dans la réalité quotidienne qu'il va retrouver cette sensation d'exotisme « *la connaissance que quelque chose n'est pas soi-même* ». Il peint des êtres dont la pauvreté est la seule condition et qui ne peuvent changer d'avenir ; sort qu'il ne partage évidemment pas. De son éducation religieuse, il a gardé l'image des nonnes dont la peau blanche et les belles dents lui rappelaient sa mère. Alors qu'il en est resté « *obsédé par la virginité des femmes* », les prostituées lui ont inspiré parmi ses plus beaux tableaux. Elevé dans une petite ville rurale et conservatrice de l'Etat de New York, il n'avait vu qu'une fois, enfant, des musiciens noirs. Pour les avoir si souvent peints, les Noirs sont devenus un trait distinctif de son œuvre.

"Portrait de Sister Carrie Robbins"
1972

Les sujets de Guinan ne se résument pas aux pauvres, aux prostituées et aux Noirs mais c'est sur eux que s'est cristallisée la critique. Aux Etats-Unis, ses deux premiers tableaux réalistes, portraits de deux modèles noirs, l'ami musicien et chanteur de blues Emile Breda et Sister Carrie Robbins qui annonce la bonne nouvelle en chantant et en dansant dans Maxwell Street, lui ont valu en 1972 une sévère critique d'Hilton Kramer du *New York Times*, qui voyait là l'exploitation de dramatiques sujets du moment par un peintre peu doué. Notons que pour un moment, c'est un moment qui dure, puisque vingt ans après la condition des Noirs de Chicago est toujours aussi tragique. Ce qui vaut à Guinan l'opprobre puis le silence de la presse américaine lui attire en France un concert de louanges où la critique fait de lui un marginal, en rupture de ban avec son milieu petit-bourgeois. Dans la préface du catalogue des *Chemins de la création* à Ancy-le-Franc, en 1976, Marie-Claude Morette dresse un portrait apostolique : « *Immergé dans les bas-quartiers, peintre-ouvrier sans Evangile, il se bâtit une morale en magnifiant ces déshérités de la société américaine.* » Or, Guinan ne cherche plus à nier la distance qui le sépare de ses modèles. « *Je ne vis pas au milieu des Noirs. J'y vais et je dessine. Je ne suis pas un des leurs.* » Il ne prend pas davantage fait et cause pour eux. « *Je ne suis pas un croisé. Quand je parle aux gens à la galerie à Paris, ils me disent : "Vous êtes le champion des bas-quartiers." Comme si j'essayais d'aider les pauvres des quartiers miséreux. Ce n'est pas du tout ça. J'aime regarder ces gens. Je suppose qu'il y a là de la sympathie mais je ne leur ai jamais rendu justice.* »

Ceci n'a pas toujours été vrai. Au début des années 70, il a cru pouvoir parler en leur nom, dénoncer l'injustice sociale. Ses portraits de Sister Carrie Robbins, d'Emile Breda et de sa mère Nelly, de Mary Turner trahissent cette bonne conscience politique. Il s'attache au moins autant à peindre le cadre de vie misérable que la personne. Ce faisant, il trahit plus ses modèles qu'il ne leur rend justice car ils sont bien autre chose que des pauvres. Que reste-t-il de la flamboyance d'Emile dans ce vieil homme en tenue négligée, prostré dans des intérieurs délabrés ? Comment deviner la coquetterie de Mary Turner dans ce *Portrait de femme noire*, couchée sur un lit défoncé, court vêtue d'une combinaison transparente ? Lorsque, quelques années plus tard, Guinan entreprend une série de tableaux sur des bars minables où travaillent des prostituées noires, toute chronique sociale a disparu. Plus rien ne transparaît de l'immense misère morale et physique de ses modèles. *Anita à l'hôtel Victor* ne nous apprend rien sur la vie de cette prostituée « *au corps démoli par les drogues, la boisson et tout le reste* ». Malgré l'invraisemblable mise en scène, on n'est pas plus renseigné sur son métier. Guinan lui a demandé de l'amener dans l'hôtel de passe où elle travaille habituellement et de faire comme avec un client. Alors que la description littéraire ne nous fait grâce d'aucun détail sordide, le tableau représente juste une femme couchée dans une chambre anonyme. « *Très solennel et très simple finalement* » pour reprendre les termes qu'il emploie pour un tableau de la même série, *L'attente*. Les titres ne nous mettent pas davantage sur la voie. *Reflets au Bohemian Club Bar*, *Nuit calme à la Taverne J.N.L.*, *Souvenir de J.N.L.*, *Boissons pour dames*, *Reflets au Sam's Bar*, *Cindy et Edna au Sam's Bar*, *Country Rock I*..., Guinan peint des lieux, des personnes, des objets sans aucune intention rhétorique,

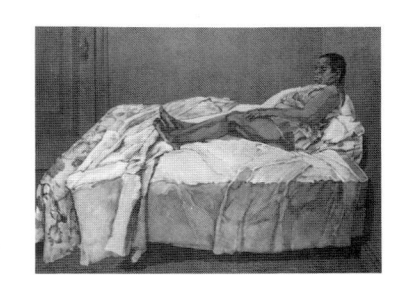

"Portrait de femme noire"
1974

"Anita à l'hôtel Victor"
1979

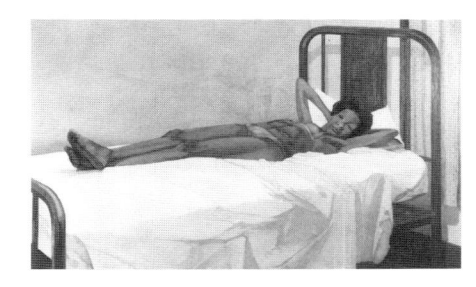

"L'amputée"
1981

"Ravenswood IV"
1985

démonstrative. Et si le titre *L'amputée* est plus explicite, c'est faute d'avoir pu nommer le modèle. Deux prostituées, amputées de la même jambe, travaillaient dans la même rue. Personne ne voyait de qui Guinan voulait parler.

Témoigner sur la vie, sur la pauvreté de ses modèles réduisait le réalisme de Guinan à une simple description naturaliste, à une galerie de types sociaux. C'est précisément au moment où il renonce à peindre des particularismes, des inégalités sociales qu'il rend le mieux justice à ses modèles. Le simple fait de leur accorder une attention exclusive en faisait une catégorie à part. Guinan était catalogué peintre américain blanc qui peint des Noirs. Désormais, il n'y a plus de pauvres et de riches, de noirs et de blancs. Il n'y a que des individus partageant une même condition, une même nature humaine. Son registre iconographique s'élargit, le climat de sa peinture se détend. Guinan sort des bars et des chambres crasseuses. La rue, le métro deviennent de nouveaux terrains de prédilection : lieux neutres où tous les gens se croisent, tout à la fois différents et semblables.

Un critique a écrit que ses portraits n'exprimaient pas la vie intérieure de ses modèles. S'il le faisait, Guinan ne nous livrerait que des études de caractère. Leur impénétrabilité, en revanche, les protège des interprétations subjectives et n'entame pas leur totalité psychique. Pas plus de déterminisme psychologique que social. Guinan ne peint pas l'anecdotique et le transitoire mais l'irréductible et le permanent : la conscience d'être. Que savons-nous de la vie intérieure des infantes de Vélasquez, des jeunes femmes de Vermeer, des servantes de Chardin ? Elles ne peuvent être réduites à un trait de caractère, à une anecdote psychologique. Elles sont irréductiblement elles-mêmes, c'est-à-dire un bloc de conscience. Pour atteindre à cette intégrité, il ne faut pas davantage faire de la personne le simple protagoniste d'une action. Tout, chez Guinan, est soustrait aux accidents du temps. Quand bien même s'efforce-t-il de peindre un état précis de la lumière, entre chien et loup, ou le mouve-

"Feu rouge sur North Avenue"
1980-1981

ment des danseurs, il n'obtient qu'immobilité et permanence. C'est dans la composition qu'il faut en chercher la cause. Les motifs, animés ou inanimés, sont toujours arrimés par de fortes verticales et horizontales. Isolés par un premier plan vide, ils sont placés sur un plan médian, devant un fond fermé, sans effet de perspective profonde. Les six derniers portraits, peints en 1990, rompent avec ce principe de composition. L'orthogonalité est toujours de règle mais le modèle est désormais installé au premier plan. Sans rien perdre de leur gravité et de leur intériorité, ses portraits acquièrent une force et une monumentalité nouvelles.

Le réalisme de Guinan n'est donc pas fixé une fois pour toutes. Sa perception de la réalité se transforme insensiblement en fonction de son cheminement spirituel. Cette lente évolution qui semble aller de soi représente, à y regarder de plus près, une petite révolution. Rares sont déjà dans l'absolu les peintres qui parviennent à représenter la personne, cette entité individuelle consciente. Mais, au regard de la tradition réaliste américaine, Guinan fait figure de cas unique. Sa singularité confine à l'étrangeté.

Edward Hopper
"Night Hawks"
1942

Le réalisme américain n'a jamais pu, en effet, concevoir l'individuel comme une totalité se suffisant à elle-même. Pour mériter quelque attention, un lieu, un être doivent exprimer une généralité, une catégorie. Là où Hopper peint L'ouvreuse de cinéma, La strip-teaseuse, La station d'essence, Le bar de nuit, catalogue d'icônes américaines, Guinan peint Anita, Margaret Danner, Géraldine, Feu rouge sur North Avenue, Melrose Street la nuit, des êtres et des lieux uniques et irremplaçables qui n'ont pas de valeur emblématique. Alors que Hopper fait une peinture nationale, Guinan en descendant jusqu'à l'individuel atteint à l'universel. Guinan a beau tirer depuis quinze ans tous ses sujets, à quelques exceptions viennoises et parisiennes près, de son Chicago adoptif devenu, dit-il, un lieu exotique, il n'en donne jamais une image pittoresque. Le Chicago que dépeint Guinan est une métropole cosmopolite semblable, dans sa réalité humaine, à beaucoup d'autres grandes villes occidentales. Les scènes de

"Au Bohemian Club Bar"
1977

*"Edouard Loeb
aux Deux Magots"*
1974

rue, de métro ou de bar, pourraient tout aussi bien se passer à Paris, Londres ou Rio... Jusqu'aux paysages urbains de nous égarer. *Sunset at Barry and Racine*, *Sudden View of Ashland Avenue* ou *Melrose Street* nous entraînent en pensée autant à Londres, Amsterdam ou Copenhague qu'à Chicago. Guinan ne rêve pas l'Amérique. Au-delà du mythe – limousines, gratte-ciel, femmes sophistiquées, bouches de métro fumantes et clochards vautrés au milieu des poubelles –, il retient une réalité plus ordinaire et, en même temps, plus complexe que ce manichéisme de roman photo. De la même façon, *Edouard Loeb aux Deux Magots* n'est pas auréolé du mythe de la bohème parisienne. Foin du marchand de tableaux qui a connu tout le gotha des arts de l'entre-deux-guerres et du café de l'intelligentsia parisienne. Nous voyons un vieux monsieur seul avec son manteau et son journal, assis à une table anonyme. Voilà qui ne nous change guère.

L'histoire nous apprend que l'apparition du réalisme va de pair avec l'émergence du concept d'individu. Pour commencer, à l'époque hellénistique, la décadence de la Cité-Etat délivre l'individu de ses solidarités civiques et religieuses. Dans le vaste royaume conquis par Alexandre, l'unité fondamentale du genre humain s'impose comme une évidence. De cette époque, datent les premiers portraits réalistes.
Dans la Rome républicaine, les patriciens jouissent d'un droit exclusif, le *ius imagum* : eux seuls sont autorisés à sculpter l'effigie des morts pour pérenniser la lignée des ancêtres. Ainsi s'affirme la valeur commémorative du réalisme. Le besoin impérieux de transcender sa finitude en immortalisant les êtres et les choses a souvent été avancé comme une des principales causes de l'expression artistique, de l'acte créateur. Quoi qu'il en soit, il est central dans l'œuvre de Guinan. Toute promenade dans Chicago avec Guinan prend inévitablement l'allure d'une cérémonie du souvenir. Inlassablement il évoque les transformations, destructions, altérations qu'ont subies les êtres et les lieux. Guinan a toujours manifesté un penchant très vif pour les choses menacées. Ainsi s'explique son sentiment d'urgence, sa volonté de fixer, au plus vite, les êtres et les lieux, avant l'hiver, avant la fermeture du bar, avant la disparition du modèle, avant le départ de la rame de métro, avant que ce qui est ne soit plus. L'urgence tient moins à une cause extérieure, à quelque instabilité météorologique comme

voudrait le croire Jean Clair, selon un déterminisme de l'art qui laisse sceptique, qu'à un sentiment aigu de la finitude de l'homme et de la vanité de toute chose. Plus grande est la conscience de la mort, de l'éphémère, plus fort est le besoin de permanence. Et c'est bien ainsi qu'il entend peindre les choses.

Mais c'est le christianisme, et plus particulièrement le catholicisme, qui va donner au réalisme sa pleine dimension spirituelle. Avec l'incarnation du Christ, le Verbe se fait chair. La nature n'est plus une simple organisation hasardeuse de la matière. Désormais le principe divin est en toute chose, à commencer bien entendu par l'homme. Non seulement Dieu s'incarne mais il accepte de mourir pour notre salut. Le sacrifice divin confère une valeur sacrée à l'individu. Rien d'étonnant alors si les artistes ont porté une attention si vive à la réalité. Au-delà de cette croyance commune à toute les églises chrétiennes qui explique que l'art occidental ait été pendant des siècles franchement figuratif, descriptif, il semble que ce soit plus particulièrement la conception catholique de l'homme qui ait donné naissance au réalisme. C'est en Espagne et en France que cette tradition stylistique est la plus riche et la plus durable : de Sanchez Cotan à Goya en passant par Zurbarán et Vélasquez et de Clouet à Degas en passant par Philippe de Champaigne, les frères Le Nain, Chardin, Courbet et Manet. Aux Pays-Bas où le réalisme est magnifiquement illustré au XVIIe siècle par Vermeer, Frans Hals et Rembrandt, il ne survit pas à la Réforme. Si l'Eglise temporelle a souvent failli au cours des siècles, l'Eglise spirituelle a maintenu actif dans l'histoire le message du Nouveau Testament. Or la parole évangélique procède à une véritable inversion des valeurs. Ne proclame-t-elle pas les pauvres, les malades, les affligés plus proches de Dieu ? Tout le contraire de la prédestination, la justification religieuse de la puissance et de la richesse, avancée par les Américains. L'humanité souffrante est identifiée au Crucifié. Insistant par ailleurs sur le rachat des péchés et sur la communion des saints, l'Eglise affirme la solidarité de toute l'humanité et le pouvoir rédempteur de la souffrance.

Au début des années 60, Guinan entreprend la lecture décisive du *Rameau d'or* de Frazer. Ce dernier avait étudié les religions pré-chrétiennes au regard de la révélation christique. Il avait notamment mis l'accent sur ce qui dans les cultes sémites ou

"Dried Goat"
1963

"Retable aux neuf saints"
1965

les religions à mystères annonçait le christianisme : sacrifice rituel du Roi-Dieu ou salut individuel par exemple. Guinan en tire, en 1963, une série de dessins à l'encre. Il représente notamment une chèvre étroitement attachée à un poteau.

L'année suivante, dans *Dried goat*, il réalise un photogramme avec un fœtus de chèvre, animal qui est depuis le sacrifice abrahamique la victime sacrificielle par excellence. En 1965, il exécute trois pièces essentielles pour la compréhension de toute son œuvre. *Altar* qui a été démantelé depuis est un autel-flipper. Sous une table est disposée l'effigie en papier mâché du cœur d'un prêtre canadien, thaumaturge qui a fait l'objet d'un culte. Sur la table, un flipper dont le couronnement représente l'archange Michel et le dragon, entouré d'anges, toutes figures modelées en papier mâché. Enfin, à la partie médiane, un flipper du cru de l'artiste. C'est avec des prothèses dentaires, des yeux en verre et une prothèse osseuse que l'on peut gagner des points pour le paradis. Le *Retable aux neuf saints* évoque le martyre ou les actions miraculeuses de neuf saints. Dans ce cas comme dans l'autre, Guinan se défend d'avoir fait de l'anti-religion. C'est par plaisir et par jeu qu'il a réalisé ces deux œuvres. Enfin, *Hommage à Jean Genet* illustre, à travers photos, objets et peinture, des passages de *Notre-Dame-des-Fleurs* et la figure de l'écrivain.

Avec l'*Autel*, Guinan fait sienne l'idée que la souffrance est rédemptrice. Et, par deux fois, il reviendra sur la question de la souffrance physique : avec *L'amputée* de 1981, prostituée noire amputée qu'il peint dans une lumière orangée, mystique – transfigurant l'abjection, il fait d'une putain une sainte – et avec *Country Rock III : Lorraine et William sont sœur et frère* de 1989. William traîne son arrière-train à la force de ses épaules, en s'appuyant sur ses béquilles. Il danse ainsi, presque immobile, enlacé par sa sœur. Le *Retable aux neuf saints* et *Hommage à Genet* sont les deux aspects d'une même question. La sainteté est héroïque et abjecte car plus un homme s'abaisse plus il peut s'élever. Jamais sa peinture ne retrouvera par la suite cet élan mystique. Mais ce qui restera c'est un infini respect pour les déshérités, le sentiment de la valeur irremplaçable de

"Country Rock III : Lorraine et William sont sœur et frère"
1989

"Hommage à Jean Genet"
1965

chaque être, du plus puissant au plus humble. Comme si Guinan avait fait sienne cette parole de l'Evangile : « *C'est la miséricorde que je veux, et non le sacrifice.* » Aussi peindra-t-il les choses et les êtres avec le hiératisme, le silence, l'intemporalité que l'on réserve habituellement aux sujets sacrés. C'est du reste une des caractéristiques constantes du réalisme au fil des siècles.

Comme on le voit, le réalisme est bien autre chose qu'une figuration descriptive, une pratique mimétique. Ce qui est en jeu c'est une certaine conception de l'homme. Ainsi s'explique la différence radicale entre Guinan et tout le reste de la peinture américaine figurative. Sa peinture dépasse la question de l'engagement. Avant de mener une réflexion politique, Guinan a eu une conscience qui le faisait peindre, adolescent et jeune homme, les soupes populaires puis les prostituées des bordels d'Ankara. Aussi Guinan n'est-il pas marginal mais étranger aux valeurs de la société américaine. Ce qui explique que son œuvre nous soit plus accessible qu'à ses propres compatriotes. Le jour où l'Amérique l'acceptera enfin, c'est qu'elle reconnaîtra sa diversité spirituelle. Etranger aux valeurs du réalisme américain, Guinan n'a pas non plus d'équivalent dans toute la peinture contemporaine. Le XXe siècle a expérimenté des versions laïques de l'humanisme chrétien mais il semble incapable d'engendrer de grande œuvre réaliste. On n'a jamais autant parlé d'individu et on ne l'a jamais aussi peu et aussi mal peint. Mais l'extrême solitude de l'œuvre de Guinan n'enlève rien à son exceptionnalité. D'autres peintres ont été en dehors des courants dominants de leur époque. Ils n'en sont pas moins de grands artistes. Faut-il prendre pour exemple Chardin, seul peintre réaliste en son siècle ?

1. **Genel-Ev.** *1957, huile sur bois, 68,5 x 99 cm.*

    L'armée lui a permis de découvrir le Proche-Orient et, parfois, il croit reconnaître l'atmosphère des souks dans les faubourgs de Chicago ! Mais ce sont surtout, le long de ses rues préférées, des façades vides, des entrepôts, des chantiers, des bars et des boîtes pris dans une lumière glauque, toute une poésie urbaine de jour et de nuit, qui l'attire : un monde en suspens et en sursis, promis à la disparition progressive, îlot de différences, ghetto de marginalité, lieu contradictoire d'exclusion et de chauds réseaux humains. Il partage sa vie entre sa propre famille, son travail artistique et les relations ou amis de cet univers : prostituées et proxénètes, drogués, marginaux de toute espèce, une humanité à l'écart. Son attitude me fait penser au Van Gogh des bistrots et des bordels d'Arles dans les années 1880 avec son regard étincelant de tendresse fraternelle qu'il portait sur les "terribles passions humaines", sur la solitude et la demande d'amour des êtres simples. Les premières œuvres de Guinan sont des autels-reliquaires, des collages marqués par l'admiration pour Genet et son opéra de l'abjection transfiguré, qui l'ont conduit vers une peinture réaliste légèrement expressionniste, tout à fait solitaire aux USA malgré une école de Chicago qui compte d'autres peintres réalistes. Si l'on veut le relier par affinité avec une peinture produite à Paris, il faut songer à une chaîne arbitraire qui unirait Toulouse-Lautrec à Pascin et à Gruber. La vibration inquiète et ultrasensible du trait enregistre l'intensité banale des êtres et des choses, les modulations de gris de plus en plus affinés éloignent peu à peu les couleurs jaunes, vertes, rouges. Le crépuscule d'une Amérique tout autre que ses modèles culturels d'exportation dans le monde, transmué en une admirable peinture...

Pierre Gaudibert

Extrait de la préface du catalogue de la rétrospective Robert Guinan au musée de Peinture et de Sculpture de Grenoble en 1981 et au musée d'Ixelles, Bruxelles, en 1982.

2. **Yasamin.** *1957, huile sur toile, 63 x 84 cm.*

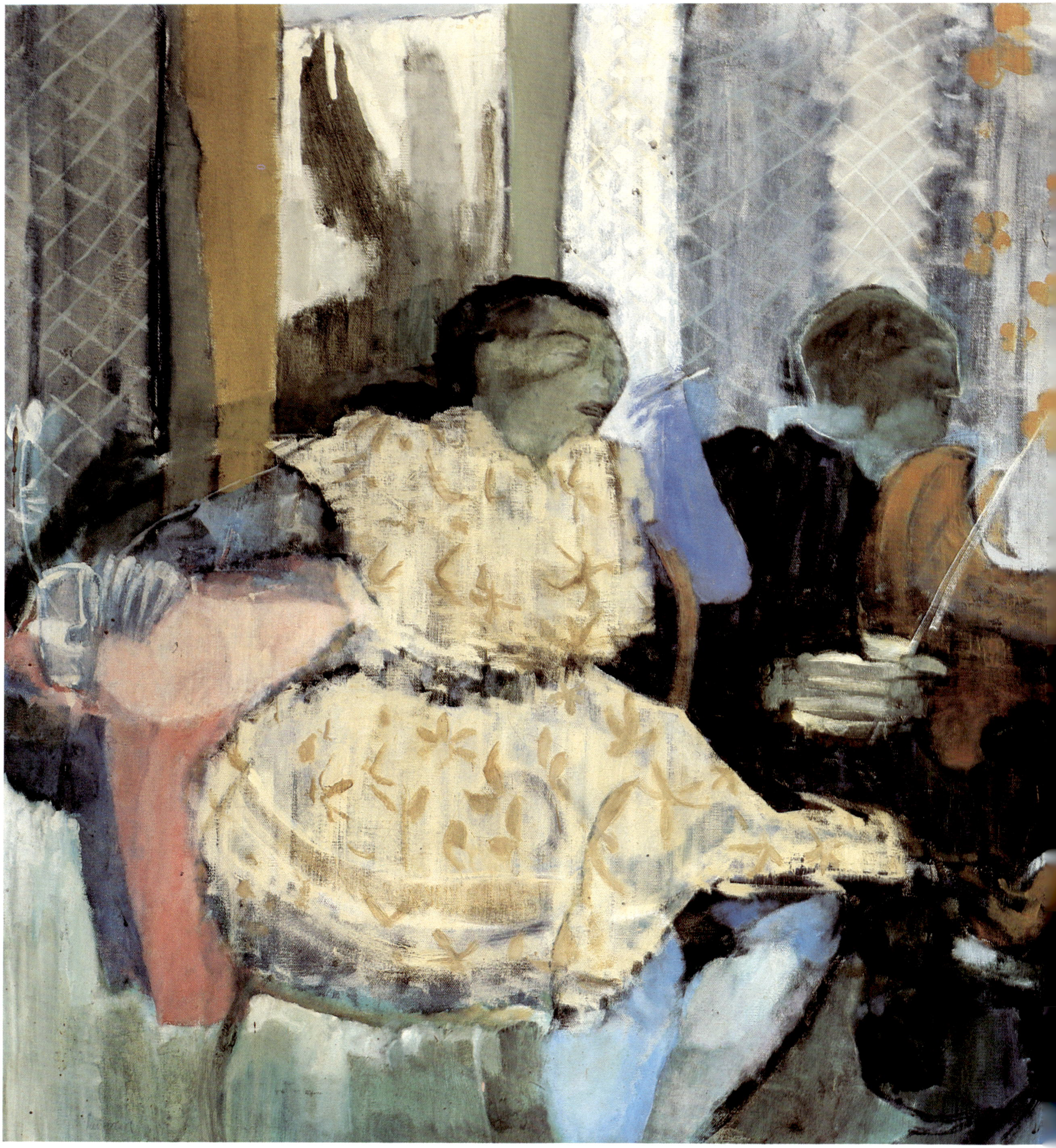

3. **Clark Street Serbia.**
La Serbie sur Clark Street.
1961,
huile sur toile, 76 x 122 cm.

Dans les tableaux suivants, qui vont de 1959 à 1969, l'effet est dû en grande partie à de la peinture blanche pour les murs, de l'émail blanc en grosses boîtes de métal. Le type qui vivait à côté de chez nous à Watertown était peintre en bâtiment. Pendant la récession de 1959, à l'époque d'Eisenhower, nous n'avions de travail ni l'un ni l'autre. J'en profitais pour peindre énormément. Un jour, j'ai emprunté de sa peinture blanche pour apprêter un panneau de contre-plaqué que je voulais utiliser en guise de toile. Il en avait plein son garage – des litres et des litres. J'ai commencé à l'utiliser comme une couleur avec de la peinture à l'huile normale parce que j'ai découvert que j'aimais sa fluidité et la manière dont elle bavait sur les autres couleurs. J'ai réalisé une série de tableaux en utilisant surtout de l'émail blanc et des traits de crayon. J'ai peint par-dessus certains traits avec de l'huile et du vernis pour les fixer et j'en ai obscurci d'autres avec de la peinture noire.

Lettre à Albert Loeb, 1981

J'ai commencé à utiliser à la fois de l'émail blanc et de la peinture à l'huile tout en dessinant un style caricatural ("Le singe"). J'ai continué pendant plusieurs années ("Le déraciné" – "La grande déchue" – "Maxwell Street en rêve" – la statue équestre d'"Ataturk à Sakarya" – le personnage central du retable en hommage à Genet). J'ai conservé le même style mais pas la couleur blanche dans l'"Autel aux neuf saints". Beaucoup de ces tableaux, j'y pense maintenant, représentaient des victimes.

Lettre à Agnès de Maistre, avril 1989

Beaucoup de ces personnages s'étirent comme celui de la Crucifixion. Est-ce trop dire ? Est-ce que tous ces pâles crucifix de plâtre que j'ai contemplés d'une classe à l'autre pendant des années ont fini par imprimer leur image au fer rouge dans mon cerveau ? Ou bien est-ce seulement Agnès qui insiste sur la signification religieuse de tout ? Le personnage blanc a disparu et je ne compte pas autant de briques qu'auparavant, mais l'élément "victimes" persiste.

Lettre à Albert Loeb, septembre-octobre 1989

Ceci est peint de mémoire. Un petit cirque italien était en tournée en Afrique du Nord en 1955. Il y avait un gros ivrogne tenant en laisse un babouin famélique qui faisait des tours. Les Arabes, autour de la piste, hurlaient des injures à la malheureuse bête. Le tableau est entièrement réalisé avec de la peinture blanche pour les murs mélangée à de la peinture à l'huile sombre et fluide. Le singe, cependant, est peint en bleu. J'avais essayé de lui donner un peu de dignité.

Lettre à Albert Loeb, 1982

L'animal n'était pas tant le babouin qui faisait des tours, que son ivrogne de dresseur ou les spectateurs arabes avec leurs vociférations.

Lettre à Albert Loeb, automne 1989

4. The Monkey. *Le singe. 1958, huile sur toile, 97 x 69 cm.*

1. Le noir, compagnon de cellule de Genet, d'après une affiche "recherché" du FBI.

2. Mignon.

3. Divine.

4. Cimetière d'Afrique du Nord figurant le cimetière de Montmartre où Divine est enterrée.

5. Portraits de gangsters maquillés. Genet qui aimait les petits gangsters, tapissait les murs de sa cellule de photos découpées dans des magazines policiers.

6. Perles dont les prisonniers faisaient des couronnes mortuaires.

7. Dans Notre-Dame-des-Fleurs, Jean Genet cite une lettre de Mignon à Divine – écrite de prison – dans laquelle Mignon dessine en pointillé le contour de son pénis.

8. Divine mourant.

9. Ernestine, la mère de Divine, tente de tuer son fils avec un révolver.

10. Divine enfant.

11. Barreaux de prison.

12. Photo de Jean Genet. Elle a été prise dans les années 40 et correspond à l'époque à laquelle a été écrit Notre-Dame-des-Fleurs.

13. Angelots évoquant *Saint Genet, comédien et martyr*, de Jean-Paul Sartre.

En 1965, j'abandonnais la peinture pure et commençais à élargir la surface de la toile avec le tableau Hommage à Genet. *J'empruntais le format de ce tableau aux deux gravures* Analyse de la beauté *de William Hogarth. Chacune de ces gravures est entourée d'une bordure ou d'un encadrement impliquant des prolongements anecdotiques, éléments qui expliquent le tableau central ou se rapportent à lui.*
L'utilisation de cadres et de collages est devenue importante dans les œuvres qui ont suivi, et en particulier pour la série sur la guerre qui a débuté avec l'Assassinat de l'archiduc Franz Ferdinand.

Extrait d'une autobiographie de Robert Guinan

Voici comment mourut notre Grande Divine.
Ayant cherché sa petite montre en or, elle la trouva entre ses cuisses, et, dans sa main fermée, la tendit à Ernestine, assise au chevet. Leurs deux mains se rejoignirent en coquille avec la montre au milieu. Une immense paix physique détendit Divine ; les ordures, une merde presque liquide s'étendit sous elle en un petit lac tiède, où doucement, tout doucement – comme un vaisseau encore chaud d'empereur désespéré s'enfonce dans l'eau du lac Némi – elle s'engloutit, et ce soulagement lui fit pousser un soupir, qui remonta à sa bouche du sang, puis un autre soupir : le dernier.
Elle trépassa ainsi, on peut dire aussi noyée.

Jean Genet, Notre-Dame-des-Fleurs, Marc Barbezat - Editeur l'Arbalète, 1948

William Hogarth
"Analyse de la beauté"

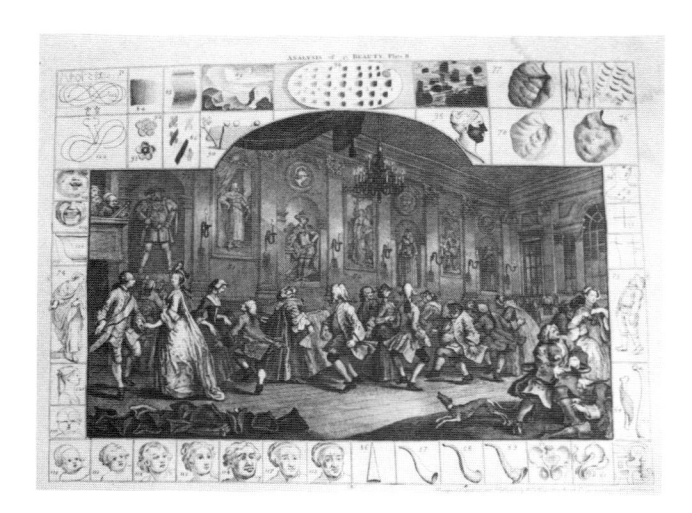

5. Hommage to Jean Genet. *Hommage à Jean Genet. 1965, peinture, collage, photos et matériaux divers sur toile, 4 panneaux assemblés, 203 x 185 cm.*

La Première Guerre mondiale

Aux quatre compositions sur le thème de la Première Guerre mondiale exécutées entre 1966 et 1972, Guinan avait prévu d'ajouter des œuvres représentant d'autres puissances mondiales engagées dans le conflit : la Grande-Bretagne, la France et la Russie. L'évolution de sa peinture en 1972 – d'autres sujets de tableaux s'imposant à lui – et le temps considérable nécessaire à la réalisation de chaque panneau, interrompirent définitivement cette entreprise. Cette guerre a marqué la fin de quatre empires et des dynasties qui les gouvernaient : les Habsbourg, les Romanov, les Hohenzollern et la dynastie ottomane. Elle eut pour principale conséquence une vaste redistribution du pouvoir économique et politique en Europe. L'assassinat de l'archiduc Franz Ferdinand commémore l'événement qui déclencha la guerre. La tunique ensanglantée de l'archiduc, conservée – telle une relique – au musée de la Guerre à Vienne, représente le premier sang versé. A gauche du tableau, Guinan a copié des photographies de l'archiduc, de sa famille, et du quai où eut lieu l'attentat. Sur le panneau il a copié des photographies de Gavrillo Princip – l'assassin –, de celui-ci avec un complice, et la même photographie du quai où fut commis l'assassinat. Robert Guinan s'est particulièrement intéressé à Gavrillo Princip. Ce jeune homme, âgé de 19 ans au moment de l'attentat, était un authentique révolutionnaire serbe luttant pour l'unité yougoslave au sein d'un état libéré des Autrichiens qui administraient alors la Bosnie. C'est avec un grand courage qu'il assuma tout au long de son procès ses responsabilités et maintint ses convictions politiques. En raison de son jeune âge, il échappa à la peine de mort mais mourut dans d'atroces souffrances – victime de la tuberculose osseuse, et laissé sans soins – en prison en 1918. Dans sa cellule, on trouva ces quelques lignes gravées sur un mur :

« Nos ombres s'en iront à Vienne
Errer à travers les palais
Epouvantant les seigneurs. »

6. **The Assassination of Archduke Franz Ferdinand.** *L'assassinat de l'archiduc Franz Ferdinand. 1967 / 1972, peinture, photos, collage et matériaux divers sur bois, 184 x 123 cm.*

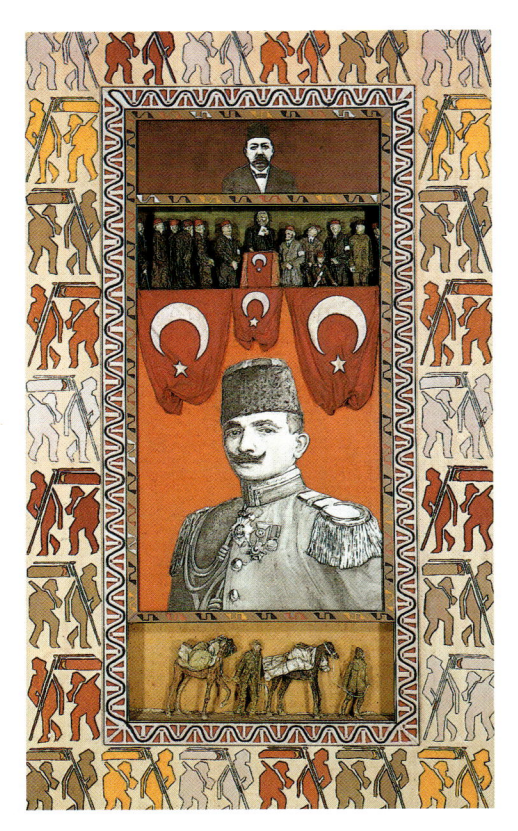

7. The Turkish Declaration of War (Portrait of Enver Pasha).
*La déclaration de guerre par la Turquie (Portrait d'Enver Pasha), 1967,
peinture, photos, collage, coton et papier mâché, matériaux divers sur bois, 186 x 109 cm.*

Enver Pasha était un des jeunes Turcs du Comité pour l'Union et le Progrès qui déposa le tyran génocide, le sultan Abdul Hamel en 1909. En 1914 – alors qu'il était dictateur militaire du pays – il s'allia aux Allemands. L'année suivante il entama un programme d'extermination des Arméniens d'Asie Mineure. Le tableau est en forme de tapis de prière. Guinan a utilisé – pour les côtés – les motifs d'un authentique tapis turc qu'il conserve encore sur un mur de sa maison ! Au centre : un portrait d'Enver Pasha. Au-dessus, au milieu d'un groupe, un Imam déclare le Jihad appelant à la guerre sainte.

Dans *L'avance des Allemands en Belgique*, on distingue au centre le portrait du Kaiser Guillaume II (d'après une photographie trouvée dans un lot de vieilles revues – *Die Wocke* – à Maxwell Street), l'avant d'un camion militaire qui symbolise la mobilité et la mécanisation des troupes allemandes, un orchestre célébrant une victoire, les troupes entrant dans Bruxelles. L'ensemble compose une Croix de Fer. La couleur grise rappelle que les allemands furent les premiers à utiliser cette couleur pour leur matériel et leurs uniformes alors que les Français chargeaient encore en pantalon rouge !

Le programme d'aide à la Belgique avait été organisé par un homme d'affaires devenu plus tard président des Etats-Unis – Herbert Hoover – et de Brand Whitlock, consul américain à Bruxelles. Le tableau est composé comme une affiche de publicité : il met l'accent sur la propagande américaine que représente cette entreprise. Des enfants belges sont représentés mangeant dans une grande pièce tapissée des drapeaux de leurs bienfaiteurs…

8. Belgian Relief (Portraits of Herbert Hoover and Brand Whitlock).
*L'aide à la Belgique (Portraits de Herbert Hoover et Brand Whitlock),
1967, peinture, photos et collage sur bois, 184 x 122 cm.*

9. **The German Advance into Belgium (Portrait of Kaiser Wilhelm II).** *L'avance des Allemands en Belgique (Portrait du Kaiser Wilhelm II), 1968, peinture, photos, collage, coton et papier mâché, matériaux divers sur bois, 186 x 124 cm.*

10. **Nine Saints Altar.** *Retable aux neuf saints, 1965, peinture, collage, papier mâché sur bois, en 4 panneaux, 263 x 337 cm.*

63

Retable aux neuf saints

**Extrait de *Symboles Chrétiens et histoires des Saints*
de Clara Erskine Clement,
Boston and New York,
Houghton Mifflin Company,
The Riverside Press
Cambridge, 1871**

1 Sainte Hélène
En 326, sainte Hélène fit un voyage en Palestine. Quand elle arriva à Jérusalem, elle fut inspirée d'un désir très grand de retrouver la croix sur laquelle le Christ avait souffert. Le temple de Vénus s'élevait juste à l'endroit présumé être celui de la crucifixion. Elle ordonna sa démolition et après avoir creusé profondément, on trouva trois croix.

2 Saint Bernard de Clairvaux
Il naquit en 1190 à Fontaine, près de Dijon. Il était fils de noble et sa mère Alice était une femme très remarquable. Elle avait beaucoup d'enfants et les allaitait tous croyant que les nourrissons prennent par son lait le caractère de la nourrice... Dans ses écrits, il a mis en évidence avec force les perfections de la Très Sainte Vierge. Tout particulièrement dans le "Missus est". On croit qu'elle lui apparut deux fois. Une fois, alors qu'il était malade et incapable d'écrire, elle lui fit recouvrer la santé par sa présence. L'autre fois, elle lui humecta les lèvres du lait de son sein et alors, son éloquence devint irrésistible...
... Ses attributs sont : le Démon enchaîné derrière lui. Trois mitres sur son livre ou à ses pieds, emblèmes des trois évêchés qu'il refusa.

3 Sainte Eulalie de Merida
Eulalie avait douze ans lors de la publication de l'édit de Dioclétien. Elle alla voir le préfet qui jugeait les chrétiens et lui reprocha sa cruauté et son impiété. Le gouverneur la fit immédiatement arrêter et fit placer à l'un de ses côtés les instruments de torture, de l'autre, les offrandes pour l'idole. Elle piétina les offrandes, renversa l'idole et cracha au visage du gouverneur. Alors, elle fut torturée à mort et lorsqu'elle mourut, une colombe blanche s'échappa de sa bouche et s'envola dans les cieux.

4

7 Saint Alexis
Alors, Alexis se rendit chez son père et l'implora de vivre sous son toit, de sa charité. Euphemian ne le reconnut pas mais pensa à son fils qui, lui aussi, devait être pauvre et dans la gêne, et ordonna que l'on pourvût à ses besoins. Mais la servante le maltraita et lui donna pour tout logement un trou sous l'escalier de marbre de la maison. Cependant, ce qu'il devait endurer de plus pénible, c'était d'entendre son père et sa mère se lamenter sans cesse à son sujet et déplorer son absence.

8 Saint Nicolas de Myra
Le jour même de sa naissance, cet extraordinaire enfant se leva dans son bain et, joignant les mains, remercia Dieu de l'avoir fait venir au monde. A partir de ce même jour, il ne prit le sein que le mercredi et le vendredi, apprenant ainsi à jeûner avant d'avoir connu la faim. Un certain praticien de Panthera, homme très riche, perdit tout son avoir et devint si démuni qu'il ne pouvait subvenir aux besoins de ses trois filles. Il était atterré de penser qu'il devrait en arriver à sacrifier leur vertu pour de l'argent qui les sauverait de la faim. Ses filles étaient pleines d'amertume, affamées, et ne savaient où trouver de l'aide. Nicolas entendit parler de cela et résolut d'alléger leur peine. Il prit une somme d'or, la mit dans un mouchoir, s'en fut de nuit à leur maison, cher-

Il existe deux récits concernant la manière dont on reconnut la vraie croix. Certains disent que les croix furent présentées à des malades ; les deux premières sans résultat alors que la troisième provoqua une guérison instantanée. D'autres disent qu'elles furent apportées dans la maison d'un mort et qu'à la présentation de la troisième, il ressuscita.

4 Sainte Ebba de Coldingham

Cette sainte était abbesse du plus grand monastère existant en son temps ; il y avait aussi bien des moines que des nonnes sous sa règle. Vers l'an 870, une incursion de pirates danois eut lieu et sainte Ebba s'alarma pour sa chasteté et celle de ses nonnes. Elle les réunit dans la salle du Chapitre et leur fit une déclaration. Ensuite, elle prit une lame et se coupa le nez et la lèvre supérieure. Son exemple fut suivi par toute la communauté. Quand les pirates arrivèrent, le spectacle que les nonnes offraient était si effrayant qu'il protégea leur virginité. Mais les pirates déçus mirent le feu au monastère et les nonnes périrent dans les flammes.

5 Sainte Apollonie d'Alexandrie

Elle fut élevée dans la foi chrétienne et demanda à saint Léontin de la baptiser. Dès qu'il l'eut fait, un ange apparut portant un voile blanc resplendissant dont il la couvrit en disant ces mots : « Voici Apollonie, la servante de Dieu. Pars maintenant pour Alexandrie porter la parole divine. » Elle obéit et convertit un grand nombre de personnes. Mais elle fut par d'autres dénoncée à son père qui la donna au gouverneur païen. Celui-ci lui ordonna d'adorer l'idole de la ville mais elle fit devant elle le signe de la croix et exhorta le démon à en sortir. Ce dernier, brisant la statue, s'enfuit en hurlant : « La sainte vierge Apollonie m'a vaincu. » Alors, on l'enchaîna à un poteau et on lui arracha les dents une à une avec des tenailles et ensuite on la brûla à petit feu.

6 San Nicola di Tolentino

Très jeune, il prit l'habit des moines augustins. Et il menait une vie si austère que l'on avait dit de lui : « Il ne vivait pas mais languissait en vie. » C'était un excellent prêcheur dont les miracles et les visions furent innombrables. Il ne s'autorisa jamais à absorber de nourriture animale. Alors qu'il était d'une grande faiblesse, il refusa un plat de colombes que son frère lui présentait, agita ses mains au-dessus du plat et les colombes s'élevèrent dans les cieux.

chant à déposer l'argent sans être vu. Alors qu'il longeait la demeure, la lune éclaira fortement une fenêtre ouverte ; Nicolas jeta l'or à l'intérieur et s'enfuit.
... C'est en des temps de famine, alors qu'il voyageait dans son diocèse, que Nicolas accomplit un de ses plus grands miracles. Il couchait dans la maison d'un homme qui était un dévoué fils de Satan ; en effet, en ces temps de besoin, il volait fréquemment des enfants qu'il tuait et servait comme viande à ceux qui s'arrêtaient dans son auberge. Dès que l'on eut placé cet abominable plat devant Nicolas, il sut ce que c'était et comprit l'épouvantable cruauté de cet homme. Alors il l'accusa, s'en fut vers le saloir où étaient les enfants, fit sur eux le signe de la croix et trois enfants se levèrent sains et entiers.

9 Saint Gilles

Saint Gilles quitta sa patrie et se fit ermite. Après une longue errance il atteignit une grotte dans la forêt près de l'embouchure du Rhône, quelques milles au sud de Nîmes. Là, il subsista d'herbes, de baies et du lait d'une biche. C'est de là que vient son emblème : une biche blessée.
En ces temps, une suite vint à passer. Certains disent que c'était celle du roi de France, d'autres celle du roi des Goths. Ils chassaient. La biche fut poursuivie par leurs chiens. Elle s'enfuit vers la grotte et se réfugia auprès du saint. Un chasseur tira une flèche et quand ils arrivèrent pour voir ce qui se passait, ils trouvèrent le saint homme blessé à mort.

Divine rit aux éclats. La couronne de perles tombe à terre et se brise. Condoléances auxquelles la joie méchante donne des richesses de tonalité : « La Divine est découronnée !... C'est la Grande-Déchue !... La pauvre Exilée !... » Les petites perles roulent dans la sciure semée sur le plancher où elles sont semblables aux perles de verre que les colporteurs vendent peu de chose aux enfants, et celles-ci sont pareilles aux perles de verre que nous enfilons chaque jour dans des kilomètres de fil de laiton, avec quoi, en d'autres cellules, on tresse des couronnes mortuaires pareilles à celles qui jonchaient le cimetière de mon enfance, rouillées, brouillées, brisées, s'effritant par le vent et la pluie, ne gardant au bout d'un léger fil de laiton noirci qu'un tout petit ange en porcelaine rose avec des ailes bleues. Dans le cabaret, toutes les tantes sont soudain agenouillées. Seuls, les hommes s'érigent droit. Alors, Divine pousse un rire en cascade stridente. Tout le monde est attentif : c'est son signal. De sa bouche ouverte, elle arrache son dentier, le pose sur son crâne et, le cœur dans la gorge mais victorieuse, elle s'écrie d'une voie changée, et les lèvres rentrées dans la bouche :
- Eh bien, merde, mesdames, je serai reine quand même.

Jean Genet, Notre-Dame-des-Fleurs, Marc Barbezat - Editeur l'Arbalète, 1948

11.
The Great Fallen One.
La Grande Déchue, 1966, peinture, collage, photos et matériaux divers, sur toile 220 x 159 cm.

Maxwell Street

Maxwell Street est un marché en plein air (dont "les puces" de Clignancourt donnent une pâle idée) dans le quartier ouest de Chicago. C'est le centre d'un ancien ghetto d'environ un kilomètre et demi de côté, où des milliers d'immigrants juifs, fuyant les pogroms et les persécutions en Europe de l'Est, s'établirent en Amérique entre 1880 et 1924. Par la suite de nombreuses familles noires, pauvres, s'y sont installées. Sa démolition commence dans les années 20. Froidement planifiée par les urbanistes de la ville, elle se poursuivra sans interruption, "nettoyant" et réduisant, telle une peau de chagrin, ce quartier dont il reste à ce jour quelques lambeaux voués à disparaître à leur tour dans un très proche avenir. La destruction prend de l'ampleur en 1967 lorsque la ville achète massivement terrains et maisons en vue d'agrandir le campus de l'université de Chicago. C'est à Maxwell Street que Guinan a rencontré "Sister" Carrie Robbins qui y dansait en s'accompagnant d'un tambourin.

Maxwell Street
Vers 1917
Chicago Daily News photographs
DN 68691
Chicago Historical Society

12. **Maxwell Street Prophet.** *Prophète sur Maxwell Street, 1966, huile sur toile, 153 x 163 cm.*

13.
Maxwell Street Dream.
*Maxwell Street en rêve,
1967,
huile sur toile,
206 x 155,5 cm*

14. **Maxwell Street Dying.** *Maxwell Street meurt, 1969, huile sur toile, 231 x 183,5 cm.*

15. **Sister Carrie Dancing.** *"Sœur" Carrie dansant, 1968, encre Sumei sur papier et collage de papier rouge, 70 x 92,5 cm.*

16. **Sister Carrie Robbins.** *"Sœur" Carrie Robbins, 1968, peinture, collage et matériaux divers, 165 x 219,5 cm.*

17. **The Intruder.** *L'intrus, 1967, huile sur toile, 206 x 157,5 cm.*

18. **Christmas Nightmare.** *Cauchemar de Noël, 1967, huile sur toile, 206 x 158 cm.*

19.

Emile and Mary Turner Seated at the Bar.

Emile et Mary Turner assis au bar,
1975,
dessin au crayon noir,
72 x 60 cm.

Au début des années 60, quand North Clark Street était encore un quartier animé de la ville, on comptait au moins cinq bars sur les quatre rues allant d'Ohio Street à Chicago Avenue ; chacun avec son pianiste attitré, certains avec un "souffleur" occasionnel. Mais on rencontrait la plus grande variété et le plus grand nombre d'artistes de Clark Street aux spectacles amateurs organisés le vendredi de minuit à quatre heures du matin au King's Palace. Il y avait, dans la salle, un long bar ovale et, au-delà, une scène décorée par des palmiers grossièrement peints. Tous les vendredis, on pouvait y voir "Jeannette, l'ex-star des Folies", chantant des chansons de Sigmund Romberg et Jerome Kern, Jules, le violoniste manouche, Popeye dansant "la matelote" sur une planche, et l'ancien catcheur Growling Bear, marmonnant une version quasiment monocorde de "Roll out the barrel". Les musiciens qui se produisaient tout au long de la rue étaient au moins semi-professionnels. Parmi les pianistes : Professeur Spenser Randolph, Duke Freeman, Gorilla Johnson et le mal nommé Happy, clown dépressif et déprimant. Le principal musicien de King's était Earl, à l'orgue électrique, plus un groupe de "souffleurs" et de percussionnistes. Le seul du lot à avoir eu son nom dans les livres d'histoire, pour autant que je sache, était le batteur et joueur de "washboard" Pork Chop Eddie Hines, grâce à son enregistrement avec J.B. Hutto dans les années 50 (voir "Chicago Breakdown" de Mike Rowe, New York, Drake Publishers, 1975).

Ma première rencontre avec Emile Breda eut lieu un soir de 1962 au King's Palace : le niveau sonore de l'endroit était déjà impressionnant lorsque tout à coup retentit une puissante voix de baryton déclamant le discours de Marrullus du "Jules César" de Shakespeare : "You blocks, you stones, you worse than senseless things!". C'était la façon – tonitruante – qu'avait Emile de s'avancer vers le bar. Breda ne jouait que par

Emile V. Breda
Chicago
1978

intermittence dans Clark Street. La plupart du temps, c'était dans des bars ouverts toute la nuit, aux alentours d'usines où les ouvriers venaient après le travail. Il se faisait tout de suite aimer d'eux, tout simplement en jouant leurs chansons. Certains entraient, et Emile, arrêtant illico de jouer son morceau, attaquait aussitôt "Volare", "Pennies from heaven", bref tout ce que les gens avaient envie d'entendre. Leurs visages s'illuminaient. Il y avait des gens qui ne vivaient que pour cette petite miette d'attention.
Pendant environ un an, de 1973 à 1974, Emile joua au Sherries' 1890's, un nightclub au décor fin de siècle, au coin d'Archer et South Halsted. Sa partenaire à l'époque était Josette Knight, chanteuse grégaire vêtue de longues robes et de chapeaux flamboyants, qui jouait de l'harmonica et chantait en anglais, polonais, russe, français et yiddish. A un moment donné, pendant le spectacle, un écran descendait sur scène, et les paroles des chansons familières y étaient projetées, vers par vers. Josette, accompagnée par Emile et armée d'une baguette, encourageait le public à chanter avec elle. Aujourd'hui, les juke-box ont en grande partie détrôné les pianos dans les bars de Chicago. Mais l'embourgeoisement, qui a failli ôter tout son caractère au quartier de North-Damen-Milwaukee – où j'ai dessiné dans les bars pendant tant d'années – a procuré un nouveau travail à Emile. Le drugstore mal famé ouvert toute la nuit, qui a tellement irrité la police, s'est métamorphosé. C'est maintenant un café avec des spécialités italiennes et, en septembre 1990, à l'âge de soixante-douze ans, Emile a entamé une

Au Bohemian Club Bar la nuit
Chicago
1978

Au Bohemian Club Bar
la nuit
Chicago
1978

nouvelle carrière de pianiste maison pendant le "brunch". Josette a déménagé à San Francisco il y a douze ans pour être près de sa fille. Elle se produit encore là-bas, souvent pour des groupes de personnes âgées. Il y a deux semaines, elle est revenue faire un bref séjour à Chicago pour un mariage de famille. Nous nous sommes réunis tous les trois dans un restaurant allemand de Clark Street. Josette est arrivée avec plusieurs harmonicas dans un sac en plastique. Un petit harmonica pendait à une chaîne en or autour de son cou et ses boucles d'oreilles avaient la forme d'harmonicas miniatures. Après un long déjeuner, elle sortit un long spécimen de son sac, un gros harmonica avec plusieurs rangées de notes qui le faisaient ressembler à un épi de maïs. Oubliant les serveurs et les autres clients, elle se leva, mit ses lunettes, ferma fortement les yeux et joua l'hymne national polonais. Je me laisse toujours prendre par la musique spontanée.

Lettre à Albert Loeb, 18 septembre 1990

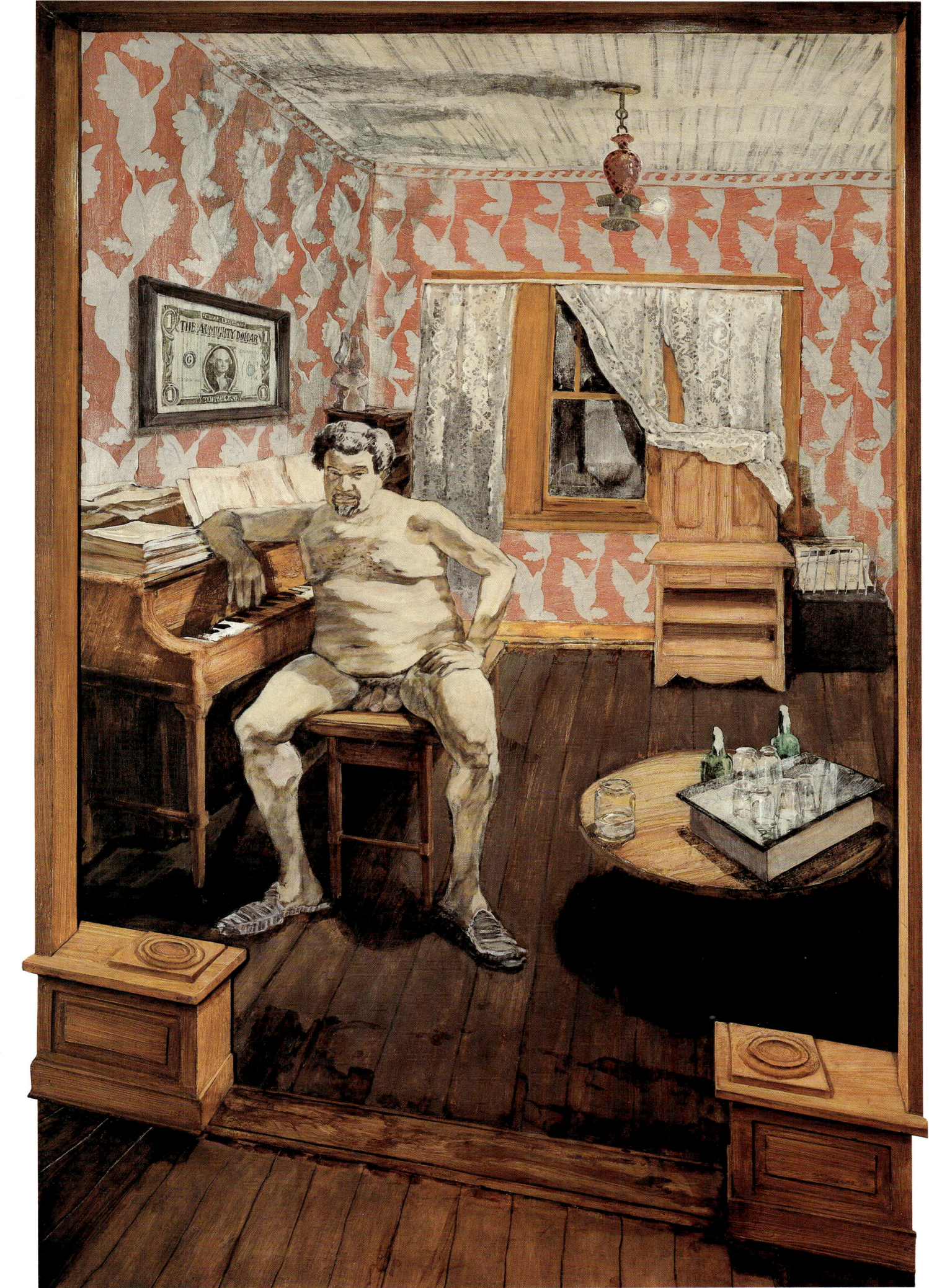

20.
**Portrait of
Emile Breda.**
*Portrait d'Emile Breda,
1970,
peinture acrylique
et collage sur Isorel,
194 x 130 cm
(cadre inclus
fait par l'artiste).*

Sister Carrie Robbins

"Sœur" Carrie Robbins fut chanteuse de gospel au marché aux puces de Maxwell Street durant de nombreuses années. Le documentaire "Maxwell Street Blues" datant de 1981 (que l'on trouve en vidéo), contient une séquence tournée en 1964 dans laquelle Carrie chante et danse avec un tambourin, dans le style exubérant des églises noires du Sud. La séquence suivante la montre en train de faire le même numéro environ dix-sept ans plus tard. Là, on remarque, dans le fond, l'absence de bâtiments. Entre-temps, Maxwell Street avait été décimée par la rénovation urbaine. Je suis allé dans l'appartement de Carrie près de la 35ᵉ rue et de State Street pendant l'été 1969 pour faire quelques dessins. C'était un quartier condamné du South Side de Chicago et beaucoup d'anciens bâtiments avaient récemment été démolis. Carrie vivait dans un endroit très pauvre, comme l'atteste le grand portrait que j'ai fait d'elle. Sur un mur il y avait un certificat encadré d'une école biblique de Cleveland qui lui conférait une certaine autorité en tant qu'évangéliste. Le premier soir que je passai là-bas, une amie de Carrie, "Sœur" Jimmy, l'appela au téléphone pour lui annoncer qu'elle avait trouvé à la bibliothèque publique de Chicago un gros livre apparemment assez cher sur la musique noire urbaine. Dedans, il y avait de belles photos de Carrie et de son accompagnateur, Blind Jim Brewer. Carrie était indignée. Les artistes de rue de Maxwell Street commençaient à se sentir floués et se méfiaient des passants avec des appareils photo et des magnétophones. Des groupes de rock anglais et américains s'étaient déjà appropriés l'œuvre de Muddy Waters et d'autres chanteurs de blues de Chicago, enregistrant des versions "blanches" légèrement modifiées de leurs œuvres, et les véritables auteurs ne touchaient rien. Le livre de la bibliothèque venant d'être découvert témoignait une fois de plus de cette exploitation à grande échelle. Je sentais que moi aussi, dans une certaine mesure, je faisais la même chose. Je ne sais pas ce que Carrie pensait des raisons pour lesquelles je la dessinais, ou ce qu'elle faisait de la petite somme que j'arrivais à lui payer. Regarder mes croquis ne l'intéressait pas et trois ans s'écoulèrent avant que j'en vienne à peindre le tableau. Quand Albert Loeb le reproduisit comme affiche d'exposition en 1973, je voulus en donner une à Carrie mais je changeai d'avis. On l'y voyait dans toute sa misère. L'affiche était élégante, en langue étrangère, et elle sentait l'argent. Elle se serait crue trahie.

R.G., juillet 1990

Blind Jim Brewer

21.
Portrait of Sister Carrie Robbins.
Portrait de "Sœur" Carrie Robbins, 1972, peinture acrylique et collage sur Isorel, 257 x 136 cm (cadre inclus fait par l'artiste).

22.
Viennese Interior.
*Intérieur viennois,
1972,
peinture acrylique
et collage sur Isorel,
157 x 90 cm.*

23.
Vienna Night Window.
*Fenêtre la nuit à Vienne,
1973,
peinture acrylique
et collage sur Isorel,
140 x 71 cm.*

24. **Vienna Market Window.** *Vitrine au marché de Vienne, 1973, peinture acrylique et collage sur Isorel, 137,5 x 67 cm.*

25. **Halsted Street Window.** *Vitrine sur Halsted Street, 1973, peinture acrylique et collage sur Isorel, 102 x 85 cm.*

26. **Portrait of Nellie Breda.** *Portrait de Nellie Breda, 1973, peinture acrylique et collage sur Isorel, 101,5 x 76 cm.*

27.
Nellie Breda III.
*1975,
dessin aux crayons
noir et de couleur,
72 x 60 cm.*

Soirée chez Albert Loeb
Emile au piano
1973
Photos Thierry Davout

28.
Portrait of Emile Breda.
Portrait d'Emile Breda, 1973, peinture acrylique et collage sur Isorel, 101,5 x 76 cm.

29. **Portrait of Helen.** *Portrait d'Helen, 1974, peinture acrylique et collage sur Isorel, 150 x 104,5 cm (cadre inclus fait par l'artiste).*

30. **Josette (Josette Knight).** *1974, peinture acrylique et collage sur Isorel, 106 x 86 cm.*

Mary Turner a refusé les photographies des deux portraits. Elle n'a jamais vu les tableaux et a été horrifiée. Je l'ai fait paraître "trop noire", dit-elle, trop comme "une négresse" !, c'est une réaction fascinante. Je doute qu'elle pose à nouveau pour moi. Tant pis…

Lettre à Albert Loeb, 2 avril 1976

31. **Portrait of Mary Turner.** *Portrait de Mary Turner, 1974, peinture acrylique et collage sur Isorel, 100 x 128 cm.*

32. **Portrait of a Black Woman (Mary Turner).** *Portrait d'une femme noire (Mary Turner), 1974, peinture acrylique sur Isorel, 105 x 132,5 cm.*

33. **Edouard Loeb at the Café Les Deux Magots.** *Edouard Loeb aux Deux Magots, 1974, peinture acrylique sur Isorel, 100 x 88 cm.*

Mike a ouvert l'Embassy Cleaners (la teinturerie de l'ambassade) en 1947. Au fil des années, elle est devenue le lieu de rendez-vous du quartier : on y allait pour écouter les derniers ragots ou s'y faire envoyer du courrier si on n'avait pas de domicile fixe. Mike devint quelqu'un qu'on venait trouver si on voulait faire une bonne affaire, dénicher une paire de chaussures ou un poste de télévision, ou même emprunter de l'argent. Il procurait des petits travaux aux gamins qui avaient abandonné leurs études et trouva un emploi pour Pauline et d'autres femmes âgées du coin : éplucher des légumes dans l'arrière boutique de l'Embassy pour un traiteur installé de l'autre côté de la rue.

Lettre à Albert Loeb, 1982

34.
Portrait of Mike Steiglitz.
Portrait de Mike Steiglitz, 1974, peinture acrylique et collage sur Isorel, 102 x 72,5 cm.

Guinan et Pauline
Chicago
1977

Je dois te dire – comme dans ma lettre précédente – que je travaille toujours sur le grand tableau de la Vieille Femme épluchant du maïs (Old Woman with Corn). *Je suis dessus depuis trois mois, passés essentiellement à faire disparaître l'épaisseur ! A me débarrasser de cet excès de matière et de détails dans un tableau complexe. Pendant un certain temps je ne savais pas où j'allais – mais je suis arrivé à contrôler mon travail. Je dois dire que le temps consacré à cela en valait la peine. Le portrait est le meilleur que j'ai fait et représente un pas en avant : toute l'atmosphère intérieure générale du magasin, la tonalité. C'est une œuvre très solide – un véritable monument. Il n'y a pas de mots trop forts pour décrire mon enthousiasme au sujet de ce travail. Je vais encadrer le tableau dans un cadre-porte à deux dimensions propice à restituer l'aspect architectural propre au magasin de Mike. Je n'avais pas projeté de faire cela, mais le tableau est si réussi qu'il demande cette attention particulière. Malgré tout cela, je dois m'excuser pour le temps qu'il a pris. Naturellement, ce n'est pas bon commercialement. Les fêtes ici se sont bien passées - s'achevant sur une merveilleuse soirée du jour de l'An chez Dick et Alvin*. Quelques personnes charmantes, et Emile jouant du piano.*

Lettre à Albert Loeb, 13 janvier 1976

* Richard Grupp et Alvin Ray, amis intimes de Guinan.

35. Old Woman with Corn.
Vieille femme épluchant du maïs,
1975,
dessin au crayon noir,
72 x 60 cm.

36.
Old Woman with Corn.
Vieille femme épluchant du maïs, 1976, peinture acrylique sur Isorel, 218 x 148 cm (cadre inclus fait par l'artiste).

37. **David Asleep on the Edge of a Table.** *David endormi sur un coin de table, 1974, dessin au crayon noir, 76 x 56 cm.*

38. **Sean in an Armchair.** *Sean dans un fauteuil, 1974, dessin au crayon noir, 76 x 56 cm.*

39. **David Asleep on a Couch.** *David endormi sur un canapé, 1978, dessin aux crayons noir et de couleur, 75 x 100 cm.*

40. **Sean Asleep II.** *Sean endormi II, 1978, dessin aux crayons noir et de couleur, 76,5 x 102 cm.*

41. **Sean.** *1974, dessin au crayon noir, 76 x 56 cm.*

42. **Sean.** *1983, peinture acrylique sur Isorel, 71 x 59 cm.*

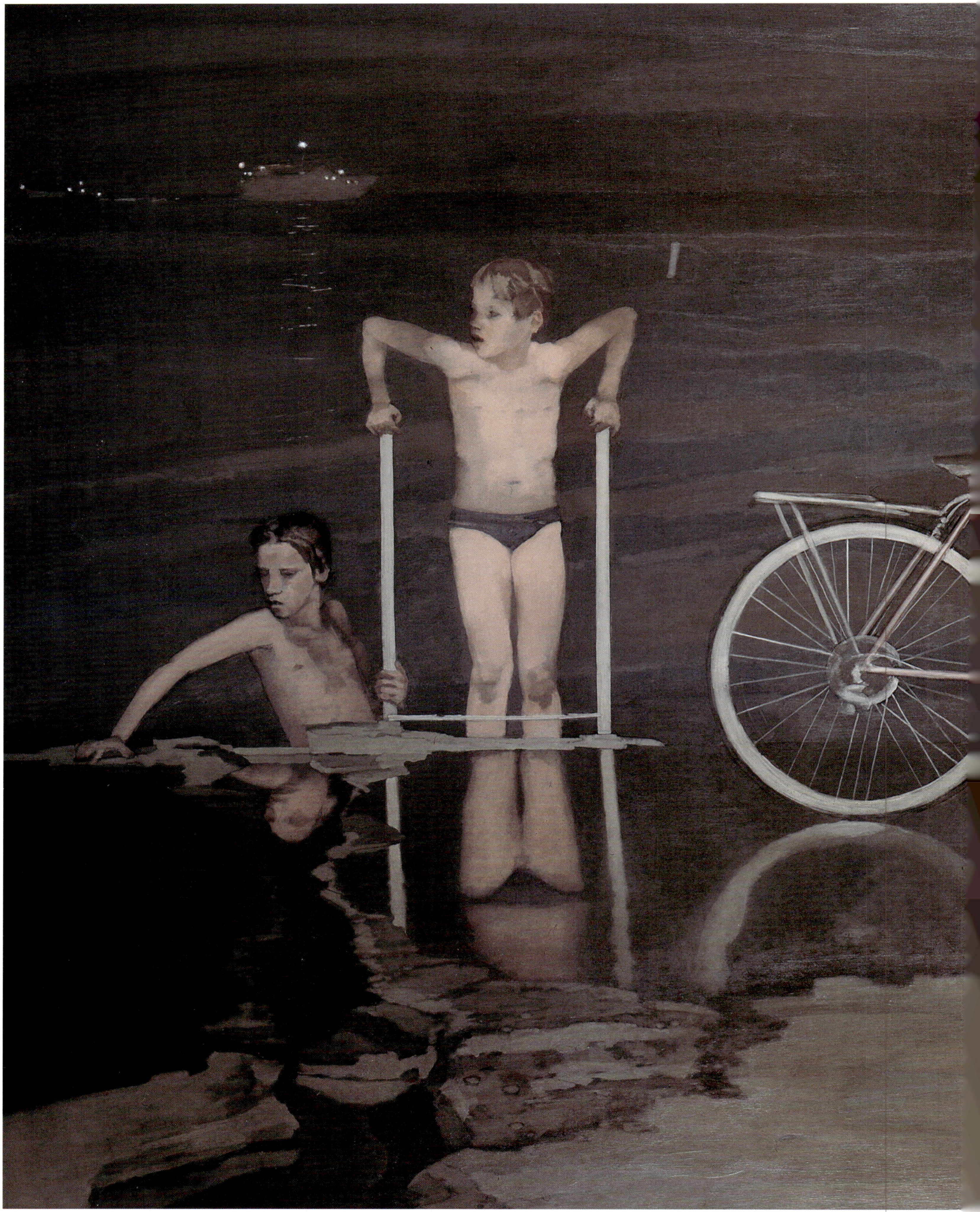

43.
Night Swimming in Lake Michigan. *Baignade de nuit dans le lac Michigan, 1984, peinture acrylique sur Isorel, 102 x 164 cm.*

Emile a déménagé... dans un endroit très agréable. Il a rencontré par hasard un vieil ami, un Polonais de son âge, qu'il n'avait pas vu depuis des années. Il y a quelques années le quartier voisin de Milwaukee et North Avenue (près du J.N.L.) était entièrement polonais. Maintenant il est peuplé de Sud-Américains et en état de siège quasi-permanent. Mais une petite communauté polonaise, des gens âgés pour la plupart, continue de s'y accrocher. Cet homme a une coquette maison de deux étages, avec un appartement au deuxième qu'il n'a pas loué depuis un an (il ne veut personne dedans !). C'est fraîchement décoré, avec des boiseries, des rideaux, un tapis dans l'escalier, de grandes chambres. Emile a dit à l'homme qu'il recevait des chèques de Paris pour un travail artistique non spécifié (qu'il avait même son portrait dans des catalogues, etc.). Son aide sociale a joué le jeu en prétendant être son agent franco-américain quand ils sont venus visiter l'endroit pour la première fois. En regardant ce quartier et ses immeubles bien entretenus, sa peinture fraîche, ses jardins coquets, on a l'impression que la grande majorité de ces Sud-Américains y a des intérêts... Contrairement aux habitants de son ancienne rue sordide. Et tiens-toi bien : l'appartement ne coûte que cent dollars par mois. Dix dollars de moins que l'endroit cauchemardesque infesté de rats que tu as visité en mars.

Lettre à Albert Loeb, 20 juillet 1979

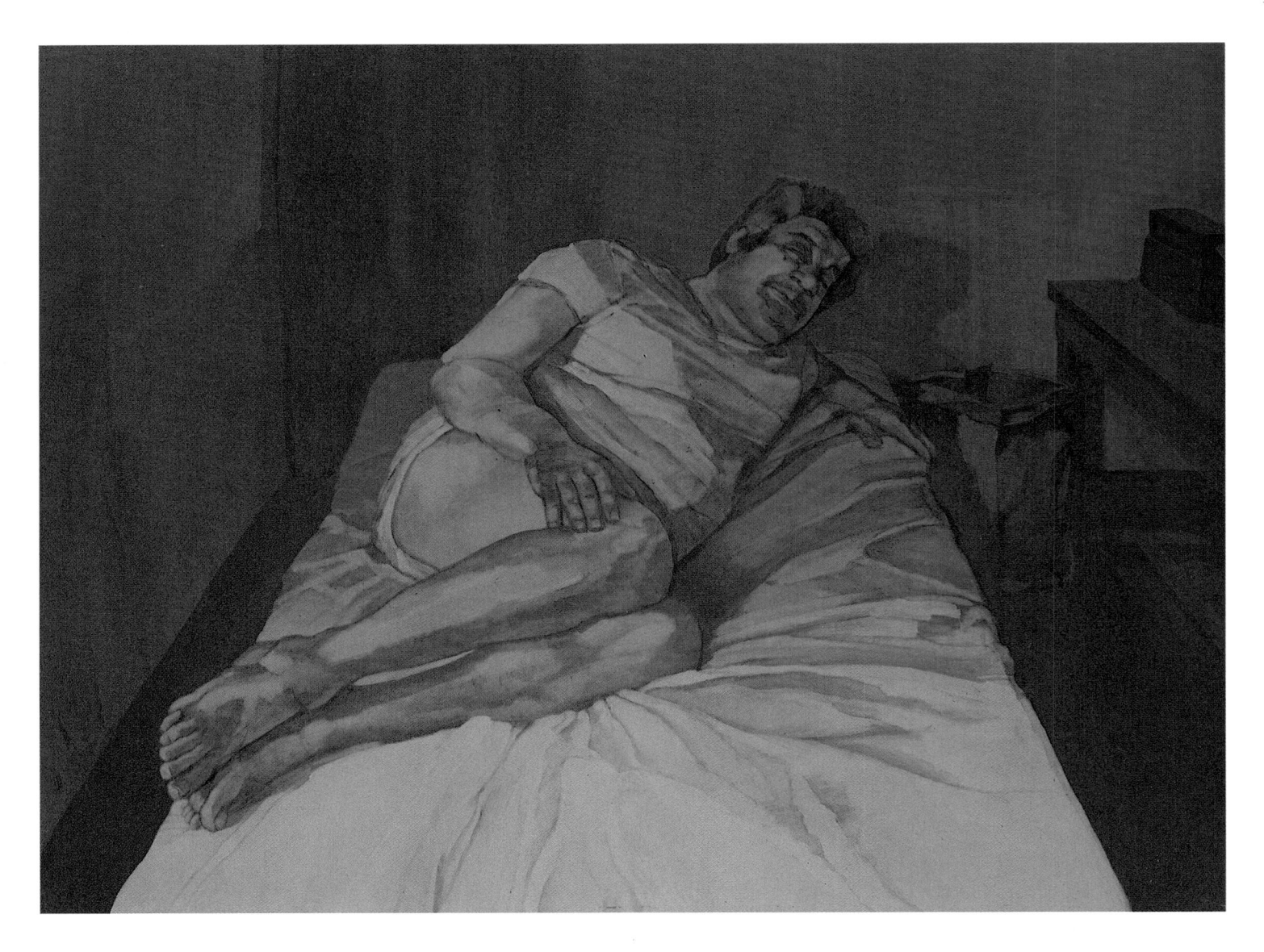

44. **Emile Reposed.** *Emile se reposant, 1978, peinture acrylique sur Isorel, 92 x 122 cm.*

45. **Maxwell Street Donut Man.** *Marchand de beignets sur Maxwell Street, 1977, peinture acrylique sur Isorel, 135 x 108 cm.*

46.
Window on Lincoln Avenue.
Vitrine sur Lincoln Avenue, 1974, crayons noir et de couleur, 76 x 56 cm.

47. **Pedestal Table in a Window.** *Guéridon dans une vitrine, 1973, crayons noir et de couleur, 76 x 56 cm.*

48. **Magasin de chemises rue de Rivoli.** *1974, dessin aux crayons noir et de couleur, 74 x 59 cm.*

49.
Heirlooms II.
Objets de famille II, 1982, dessin aux crayons noir et de couleur, 93,5 x 61 cm.

50.
Heirlooms I.
Objets de famille I, 1982,
dessin aux crayons noir et de couleur,
74 x 58,5 cm.

51. **Clark Street Antique Shop.** *Magasin d'antiquités sur Clark Street, 1977, peinture acrylique sur Isorel, 97 x 115 cm.*

52.
Maisons sur North Wilton Street. *1978,*
dessin,
72,5 x 56 cm.

53. **Melrose Street at Night.** *Melrose Street la nuit, 1975, peinture acrylique et collage sur Isorel, 106 x 146,5 cm.*

Je suis en train de dessiner de vieux bâtiments et de peindre une épicerie : c'est le soir, la lueur orange du couchant se reflète dans les fenêtres du côté de la maison tandis que l'intérieur est éclairé par des lampes électriques.

Lettre à Albert Loeb, 16 février 1976

Je suis bien engagé dans le nouveau tableau de l'épicerie* et j'en suis très heureux. Je maintiens cette atmosphère de fin de journée très sereine.

Lettre à Albert Loeb, 2 avril 1976

* *Sunset at Barry and Racine.*

Pendant les dernières phases de ce tableau je devais me rendre à l'angle de Racine et de Barry chaque soir à 7 heures 45 précises lorsque la lumière sur les fenêtres et la couleur du ciel correspondaient exactement à ce que je peignais. Ce coin de rue était à l'époque le lieu de rencontre des "Aristocrates". Ce gang semble avoir disparu ces dernières années pour laisser la place aux "Inconnus fous", un gang plus dur et au nom plus poétique. "Les Aristocrates", bien sûr, me considéraient comme un intrus. Au cours d'une brève altercation avec l'un d'eux qui était armé d'une bate de base-ball, je lui répliquais, armé d'un crayon et d'une feuille de papier, les raisons de mes visites ponctuelles. Il accepta mes explications et ajouta que la bande était là pour veiller à la sécurité du quartier.

Lettre à Albert Loeb, été 1982

54 a. **Sunset at Barry and Racine.** *Coucher de soleil à l'intersection de Barry et Racine, 1976, pendant sa réalisation.*

Il y a une grande exposition des œuvres graphiques de Jacques Villon à l'Art Institute. Ses dernières œuvres cubistes ne m'intéressent pas vraiment, mais j'ai toujours été touché par ses aquarelles anciennes des rues de Paris. L'atmosphère, dans quelques planches, est si proche de celle que l'on trouve maintenant dans certaines banlieues parisiennes dont l'ambiance vieillotte est presque provinciale – c'était tout-à-coup bien étrange de ressentir le choc de cette vision familière à l'Art Institute. Je pense qu'il y a là des correspondances avec l'ambiance que je cherche à créer avec les motifs que je trouve à Chicago. Dans la dernière peinture, le tableau de l'Epicerie ("Sunset at Barry and Racine"), je suis parvenu à rendre cette valeur du temps et de l'espace qui se trouve dans certaines de mes meilleures œuvres, comme "Melrose Street at Night" ou "Intérieur viennois". J'ai reçu le catalogue pour l'exposition d'Ancy-le-Franc - "d'Ancy-le-Franc", cela sonne à l'oreille comme le nom d'un gangster, genre "Pépé le Moko" !

Lettre à Albert Loeb, 2 août 1976

54. **Sunset at Barry and Racine.** *Coucher de soleil à l'intersection de Barry et Racine, 1976, peinture acrylique sur Isorel, 141 x 178 cm.*

Au Bohemian Club Bar
Chicago
1978

Certains bars figurent dans l'annuaire sous leur numéro de rue ou sous les initiales de leur propriétaire. Mais les habitués appelaient le 751 Club "Bohemian Club" à cause d'une publicité au néon, dans la vitrine, pour cette marque de bière. C'était un bar pour buveurs invétérés situé au 751 de North Clark Street, dans un quartier peuplé de vagabonds et de marginaux, et aucun de ses propriétaires n'avait jugé nécessaire de lui donner un nom attrayant. Le "Bohemian Club" avait la réputation d'attirer une clientèle animée, beaucoup plus variée que la plupart des bars de quartier. On pouvait toujours s'attendre à y avoir une conversation intéressante : avec un journaliste cynique, un fou d'histoire introverti, un expert en anecdotes de cinéma, ou avec quelqu'un qui avait découvert James Joyce quand il était en prison. De temps à autre défilaient de vieux pédérastes plutôt riches à la recherche de jeunes matelots de la Marine marchande en goguette, des filles échappées de leur ferme de l'Indiana venues tout droit de la gare routière, ou quelque personnage resté toute sa longue vie en marge du show business, se lançant dans une danse impromptue. L'endroit, habituellement chaleureux, le devenait encore plus les jours de congé – surtout lors de fêtes familiales. Je me souviens très bien d'un dimanche de Pâques. L'un des barmen avait passé la nuit entière à décorer des œufs durs et il les avait donnés aux gens durant toute l'après-midi. Personne ne semblait les manger cependant, préférant les garder en souvenir. A mesure que la salle s'emplissait, ces petites taches de couleur s'accumulaient devant les buveurs – fragments tangibles de ces souvenirs de vacances passées. Le "Bohemian Club" ferma définitivement ses portes en 1981.

Lettre à Albert Loeb, septembre 1990

55. *Etude pour* **At the Bohemian Club Bar.** *Au Bohemian Club Bar, 1977, dessin au crayon noir, 59 x 74 cm.*

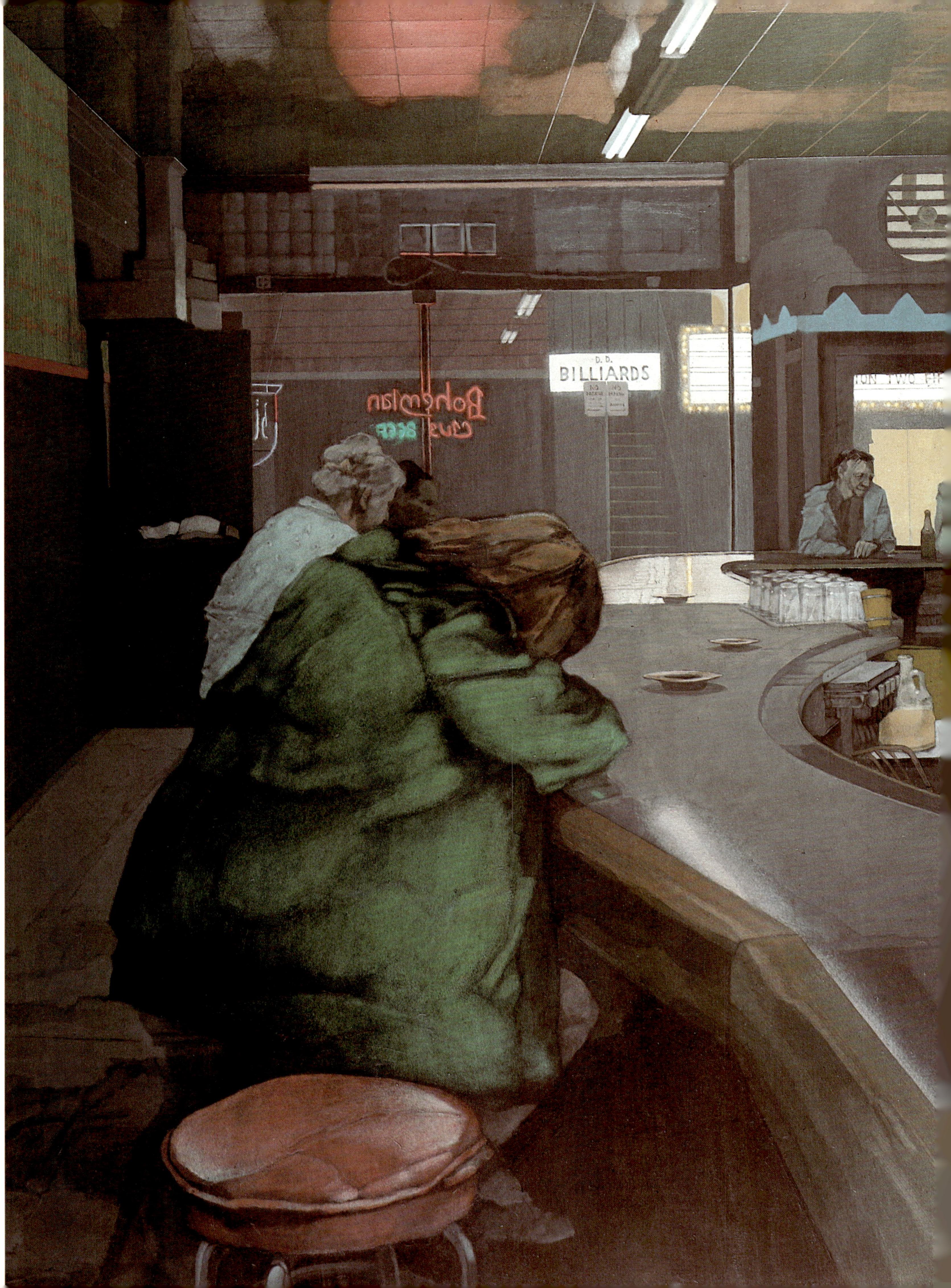
D. D.
BILLIARDS

56.
At the Bohemian Club Bar.
*Au Bohemian Club Bar,
1977,
peinture acrylique
sur Isorel,
115 x 158 cm.*

57. Slow Night at the J.N.L. Tavern. *Nuit calme à la Taverne J.N.L., 1978, peinture acrylique sur Isorel, 137 x 113 cm.*

J'ai terminé le dernier (cinquième) tableau : la fille noire au bar dont tu as vu l'ébauche sur l'une des diapositives que j'ai envoyées. C'est très solennel et finalement très simple. Il n'y a que la fille. Pas de verre devant elle. Seulement un carton de bière ouvert dans lequel on n'a pas encore mis de bouteilles vides. Les deux attendent, si l'on peut dire.

Lettre à Albert Loeb, 13 novembre 1978

58. **Waiting.** *L'attente, 1978, peinture acrylique sur Isorel, 94 x 86,5 cm.*

59.
Geraldine Waiting at the Bar.
*Géraldine attendant au bar, 1978,
dessin aux crayons noir et de couleur,
57 x 62 cm.*

60.
Geraldine Waiting at the Bar.
Géraldine attendant au bar, 1978, dessin aux crayons noir et de couleur, 72,5 x 58 cm.

Du nord au sud, c'était partout les mêmes immeubles de brique à deux étages, d'ocre jaune, d'ocre rouge ou d'ocre gris, les mêmes toits plats, les mêmes poteaux goudronnés, les mêmes terrains vagues ; rien de distinctif qui pût montrer qu'on était à Brooklyn, à Chicago ou à Los Angeles. Simultanément, une même menace planait sur eux : précaires, leurs constructions semblaient vouées à une ruine prochaine ; on les remplacerait par d'autres, qui leur seraient pourtant pareilles, cycle indéfini d'une fièvre urbaine qui démolissait et réédifiait à l'identique et qui répondait au cycle infernal du climat, ruinant et bâtissant à la hâte, sur un sol égal et indifférent, nuées et glaciations de toute espèce.

...

Mais qui oserait jamais peindre cette réalité à nu, sans détour, sans artifice et surtout en se limitant aux seuls moyens de la peinture ? Hopper l'avait fait : il avait été ce peintre capable d'exprimer la monotonie géographique et l'instabilité météorique, l'angoisse des rues et des maisons toutes semblables et la précarité du moment qui passe, la cruauté de la lumière et l'absolu de la solitude, les dissonances crues des couleurs et l'infinie douceur des gris. Surtout, il avait été le premier à peindre la nuit, à peindre la nuit électrique et étouffante de ces cités énormes, la nuit aussi de ces lieux clos, isolés du vertige de l'espace et des convulsions du temps, la nuit des cinémas, et la nuit enfin des bars, là où les errants, les paumés, les night-hawks de toute sorte viennent quelques instants chercher une trêve.

Or c'est bien cela que Robert Guinan, aujourd'hui, peint. Non par pur hasard, sans doute ; en ce lieu nul, au centre exact du continent américain, d'un faubourg de Chicago, dans une ville depuis toujours restée à l'écart de ceux qui font les modes de l'avant-garde, pouvait naître une peinture assez forte, assez dégagée de tout faux-semblant, pour être à la réalité américaine de ce milieu des années 70, avec ce retard méditatif qu'elle a toujours connu par rapport à la littérature, ce que furent, au milieu des années 60, les grands romans de Baldwin et de John Rechy : une description magistrale, d'une même austérité, d'une même acuité, d'une même dureté, et sans doute aussi, d'une même tendresse.

...

J'ai évoqué Hopper et la communauté des thèmes. J'ai aussi évoqué les gris de Hopper. Or il y a, dans l'histoire de la peinture américaine, toute une tradition des gris. Elle remonte peut-être jusqu'à Whistler lorsque, après le feu d'artifice impressionniste, au chromatisme exalté, celui-ci, dans les années 1870, se tourne, avec ses Harmonies en gris et noir et avec ses Nocturnes, vers une peinture de valeurs, limitée à l'essentiel. Alors ses portraits, comme ceux de Carlyle et de sa mère, deviendront des effigies austères et rigoureuses, ciselées dans la nuit. Hopper connaît la même évolution : après une peinture tonale qui essaie de rendre la luminosité aride et les couleurs crues de la ville américaine, il s'oriente vers ces harmonies de gris et d'ocres, qui demeurent ses très grands chefs-d'œuvre. Et, aujourd'hui, j'admire que Guinan, avec la précision somnambulique de l'autodidacte, vienne, à son insu, s'inscrire dans pareille histoire. Que dans cette quête de l'essentiel menée aux limites des villes monstrueuses, il ait redécouvert le chemin de cette nuit plombée traversée par les feux d'artifice de Whistler et les lumières des cafétérias de Hopper. Plus encore : que de la suie, la cendre, la patine douteuse et tenace que la sueur dépose sur les objets *« murs qui suintent la graisse des mauvaises cuisines, ampoules couvertes de toiles d'araignées cachées timidement dans les ténèbres, stores, quand il y en a, veloutés de crasse - où tapettes, prostituées et autres exilés hibernent* »*, de tous ces signes disposés du gris au noir et qui disent la misère, la solitude et la déchéance, il ait su faire les éléments d'une peinture somptueuse qui, sourdement et puissamment, ose à nouveau parler de l'homme et de sa volonté irrépressible de dire les choses.

Jean Clair, extrait de "City of the Night", catalogue de l'exposition à la Galerie Albert Loeb en 1979.

* John Rechy, "Cité de la Nuit", trad. par Maurice Rambaud, NRF, 1965, p. 127.

J'ai commencé à peindre un vaste tableau représentant une rue. C'est la nuit. Par l'ouverture béante d'un bâtiment démoli, derrière la maison d'Emile, on voit plusieurs vieilles maisons vivement éclairées, dont l'une de briques rouge vif. Une sombre pile de débris, restée dans l'obscurité, occupe la moitié du tableau : d'énormes pans de béton cassés, et des morceaux de verre reflétant la lumière orange du lampadaire du trottoir d'en face.

Lettre à Albert Loeb, 15 août 1978

61. **Sudden View of Ashland Avenue.** *Brusque apparition d'Ashland Avenue, 1978, peinture acrylique sur Isorel, 140 x 154 cm.*

J'ai emmené les gosses à un anniversaire. Nous avons pris un bus qui passe sur un pont enjambant un ancien tronçon du canal de Chicago, encore étayé par de vieilles planches striées de rouille ; à l'arrière-plan, il y a une rangée de vieilles usines en brique. Tout cela est très sombre. Toutefois, au milieu, tranchent les rouges et les jaunes crus de poids lourds, remorques, camions de marchandises, bennes à ordures comme des jouets en plastique de couleur criarde éparpillés dans la boue par un enfant. Les couleurs des camions, tout comme celles des jouets en plastique, attirent une poussière qui leur donne une espèce de patine désagréable à l'œil. L'ensemble se reflète dans l'eau verte et sale du canal. Je suis revenu plusieurs fois avec une grande feuille de bristol et des crayons de couleur pour faire un dessin aussi complet que possible. Cela dépend des conditions météorologiques. Il fait plus froid et un pont surplombant un canal qui fait comme un corridor dans lequel le vent s'engouffre n'est pas un endroit idéal pour travailler. Certains jours mes mains sont engourdies par le froid et les crayons ne cessent de tomber dans l'eau...

Lettre à Albert Loeb, 3 juin 1979

J'ai travaillé sur le tableau du canal jusqu'à peindre l'eau puis je me suis arrêté. Je n'aime pas laisser un tableau inachevé avant d'en commencer un autre mais je ne suis pas arrivé à savoir si je voulais ou non repeindre deux des camions. Ils sont bien venus, la couleur est bonne, mais ils ne se distinguent pas de l'arrière-plan. (C'était l'hiver et je dois dire que la neige m'a joué des tours pour la couleur !) Les repeindre de couleurs plus vives aurait déséquilibré d'autres éléments. J'avais eu le même problème avec la femme en vert dans le tableau du Bohemian Club et j'avais dû la repeindre plusieurs fois... Plutôt que de me lancer dans tout ça, j'ai décidé de faire une étude de personnage, juste pour me changer les idées.

Lettre à Albert Loeb, 3 juin 1979

J'ai retravaillé l'arrière-plan du tableau "Au bord de la section nord du canal", remplaçant le tas de pâte à papier qui se trouve sur le dessin et qui était sur le tableau par les bennes à ordures rectangulaires éparpillées au centre. Cela y prolonge l'idée de formes industrielles et le ton du tableau devient plus juste. La pâte à papier était difficilement reconnaissable, et parce qu'elle avait la même couleur et la même valeur que le ciel et l'eau, on aurait dit qu'il y avait un trou dans le tableau.

Lettre à Albert Loeb, 11 septembre 1979

62. **Along the North Branch Canal.** *Au bord du canal du Nord, 1979, peinture acrylique sur Isorel, 122,5 x 143,5 cm.*

63. **In the Sheeps' Slaughter House.** *A l'abattoir de moutons, 1977, dessin aux crayons noir et de couleur, 73 x 51 cm.*

64.
Porks' Heads.
Têtes de porcs, 1974, dessin aux crayons noir et de couleur, 76 x 56 cm.

65.
Etude pour
In the Packing House.
*A l'abattoir,
1977,
dessin au crayon noir,
59 x 73,5 cm.*

*Je suis retourné à l'abattoir pour y prendre des notes. J'ai fait des dessins détaillés des murs, du sol, etc. afin de ne pas avoir à y revenir. Il y avait un pistolet électrique suspendu à un câble au-dessus des bêtes, des fils électriques et des chaînes pendaient. J'ai été frappé par la ressemblance de tout cela avec la première impression chez un dentiste à la vue des "roulettes" qui pendent aux fils, câbles, etc. Le mur derrière le pistolet était très rugueux. Je me suis dit qu'un cochon pendu était, après tout, une image trop évidente – galvaudée et superflue – le pistolet, les câbles pendus devant le mur luisant sont très éloquents. En d'autres termes, j'ai une situation semblable à celle du tableau "At the Bohemian Club". J'ai supprimé les buveurs dans ce tableau, je supprime le cochon principal dans celui-ci – laissant le pistolet et les câbles suspendus au-dessus des bêtes qui restent dans l'enclos, en dessous – (comme dans l'expression "avoir une épée de Damoclès suspendue au-dessus de sa tête"). Ils paraissent en grand danger.
… Tant de gens, de Rembrandt à Soutine, ont peint des animaux écorchés que j'en viens à penser que c'est impossible. C'est comme essayer de faire une madone. Qui serait encore capable de s'en tirer avec un tel sujet ?*

Lettre à Albert Loeb, 31 décembre 1982

66.
Etude pour
In the Packing House.
*A l'abattoir,
1978,
dessin au crayon noir,
60 x 45,5 cm.*

67. **In the Packing House.** *A l'abattoir, 1978, peinture acrylique sur Isorel, 151 x 127 cm.*

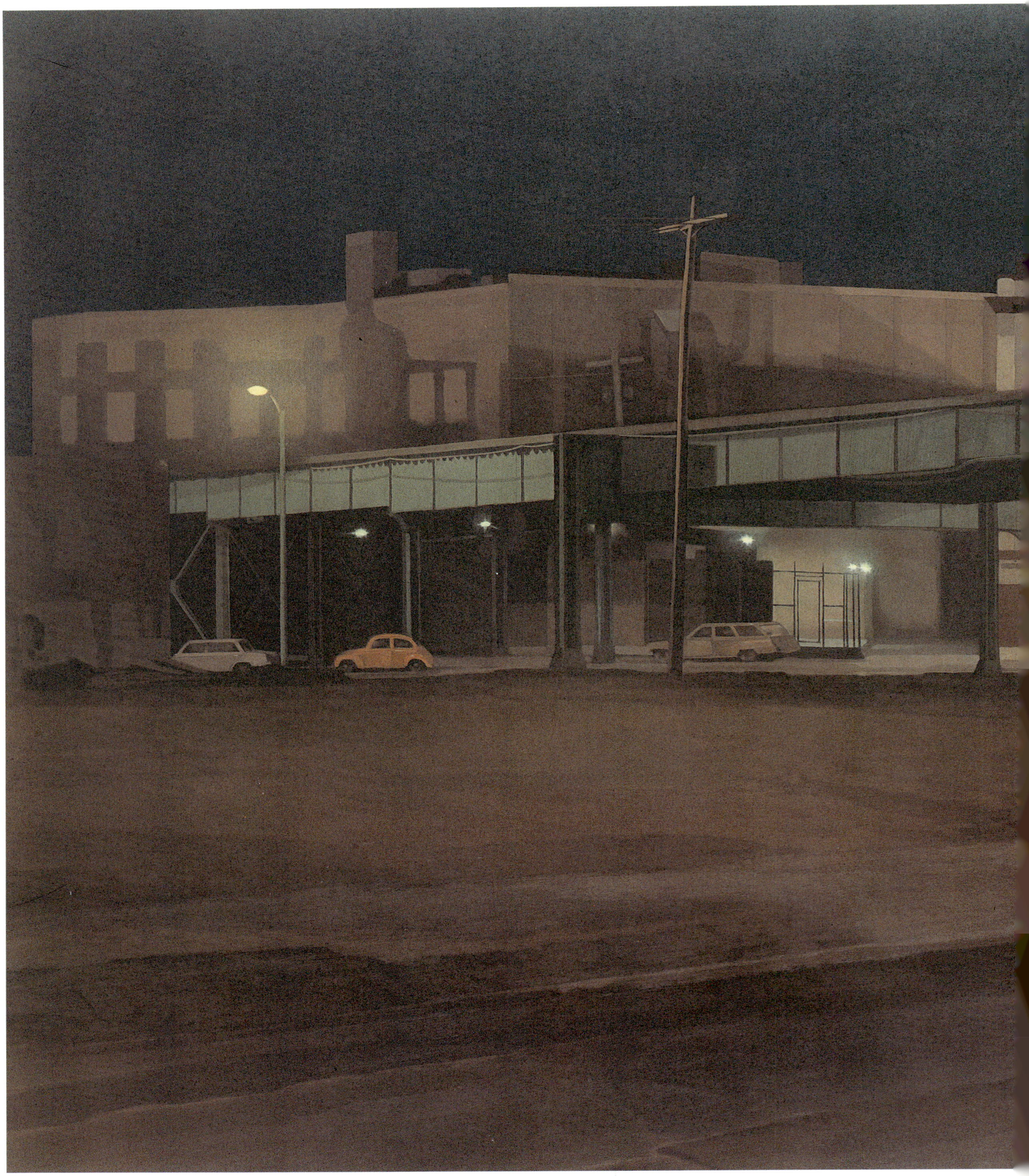

68.
Elevated Tracks across Lincoln Avenue.
Métro aérien au-dessus de Lincoln Avenue, 1979, peinture acrylique sur Isorel, 111,5 x 189 cm.

69.
Etude pour
Margaret Danner.
1979,
dessin au
crayon noir,
68,5 x 51,5 cm.

Une amie d'Alvin a accepté de poser pour moi. C'est une vieille femme noire qui s'appelle Margaret Danner. Une poétesse qui a déjà publié plusieurs livres principalement sur des thèmes afro-américains. Elle fabule beaucoup à ce propos et porte de longues robes à fleurs, un collier démesuré en os sculptés et, comme elle souffre d'un glaucome et qu'elle est presque aveugle, un regard fixe accentue l'immobilité permanente de son visage. Cela pourrait faire un tableau spectaculaire à l'échelle de "Old Woman with Corn"... avec pour cadre son modeste appartement du quartier Sud, entourée de ses soi-disant "œuvres d'art" africaines. Elle travaille encore, mais comme sa vue décline, elle doit écrire en gros caractères avec un feutre épais et seulement quelques mots par page. Il en résulte le chaos : étant restée enfermée tout l'hiver à faire cela, le parquet et les meubles sont couverts d'une quantité incroyable de feuilles de papier. Dick et Alvin* sont allés chez elle tous les dimanches après-midi, depuis deux mois, pour y mettre de l'ordre (car il s'agit là de son prochain livre).

Lettre à Albert Loeb, 3 juin 1979

* *Richard Grupp et Alvin Ray.*

Margaret Danner, la vieille poétesse noire, voulait bien poser pour moi. Cette entreprise la rendait très nerveuse. J'ai dû faire un dessin à la sauvette car elle ne tenait pas en place. L'expression est bien venue : des yeux presque aveugles, mi-clos, une bouche édentée entr'ouverte. Elle porte un cafetan en forme de tente et un collier d'os de bœuf gravés fait par l'"os-bonhomme" un sculpteur d'os ramassés dans les poubelles qui travaille à Memphis. Margaret pense que la population noire, là-bas, descend, spirituellement du moins, des artisans du Bénin et que le village nigérien d'Esie (qu'elle épelle Esse, parce que c'est l'un de ses prénoms) était la "ville d'art" de cet ancien royaume. On ne sait comment, on ne sait quand, des molécules de "créativité" se sont échappées du Bénin pour être véhiculées et s'installer à Memphis, Tennessee. « On peut les voir dans les airs » dit-elle, et au-dessus des têtes de W. C. Handy (Saint-Louis Blues) et d'Isaac Hayes, le chanteur de blues au crâne rasé. Quand Margaret a vu Hayes chanter, elle s'est rasée la tête en signe de sympathie et de soumission. D'où un poème de Hesse à Handy et à Hayes. Naturellement la célèbre collection de têtes de pierre à Essie n'a aucun rapport avec l'art du Bénin... mais peu importe. Pour quelques Afro-américains romantiques, l'art africain est une preuve de leur valeur et non un sérieux sujet d'étude. Dimanche dernier, elle a posé à nouveau. Elle est assise sur un divan cramoisi foncé, imitation d'un meuble de style français. Le cramoisi tourne au noir. « La dernière personne qui a fait mon portrait, dit-elle, a escamoté mon cou. » Son cou, dans le tableau achevé, est couvert d'une ample écharpe. Elle veut avoir un cou comme Garbo ou Gloria Swanson. Et elle nous raconte ses plus belles aventures d'il y a vingt, trente ans ; ses relations "spirituelles" avec des hommes beaux et sensibles. Maintenant, elle est amoureuse de Sadate. Son mari, un stewart de Pullman à la retraite, qui ne comprend pas son œuvre et est resté à la maison pendant qu'elle était en tournée à travers les Etats-Unis, l'Europe, et l'Afrique, est assis dans la cuisine et n'en sort pas. Dieu sait ce qu'il pense. Quand j'ai terminé le dessin – et elle ne peut pas le voir, tu comprends – Dick se penche par-dessus mon épaule et dit : « Mais où est le cou ? »

Lettre à Albert Loeb, 20 juillet 1979

The painted Lady

The painted Lady is a small African

butterfly, gayly toned orchid or peach

that seems as tremulous and delicately sheer

as the objects I treasure, yet this cosmopolitan

can cross the sea at the icy time of the year

in the trail of the big boats to France.

Mischance is as wide and somber grey as the lake here

in Chicago. Is there strength enough in my huge

peach paper rose, or lavender sea-laced fan ?

Margaret Danner

« *O merveilleuse indépendance des regards humains, retenus au visage par une corde si lâche, si longue, si extensible qu'ils peuvent se promener loin de lui.* » Marcel Proust

A quelle ligne d'horizon, le regard de Margaret Danner fait-il trait ?
La poétesse noire, telle une sombre impératrice, maintient de par son assise tellurique, le canapé violacé au sol. Ce canapé semblable à un navire en dérive, évoque lors du déluge, l'Arche de Noé que met en scène, en image, Paolo Uccello. Noé le Patriarche, le Juste, à la proue de son bâtiment flottant, paraît tressaillir à la vue d'un probable abîme se profilant non loin.
La compassion de Robert Guinan pour ceux que les autres, ou eux-mêmes, oppriment, a déjà été soulignée. Or, n'interroge-t-il pas dans ce portrait de Margaret Danner au non regard, happé de l'intérieur ; n'interpelle-t-il pas ici un autre endroit, face à l'envers de l'être ?
Pourtant, le regard du modèle de Guinan diffère de celui de Noé, dévasté. Il est celui d'une impératrice, solidaire des êtres qui peuplaient le sein des eaux mises à sec, lorsque le fond des mers subitement se souleva.
Cette poétesse, la vue atone, affronte de son regard olympien la lumière abyssale.

Et Margaret Danner devient le porte-parole de notre regard.

Florence Loeb

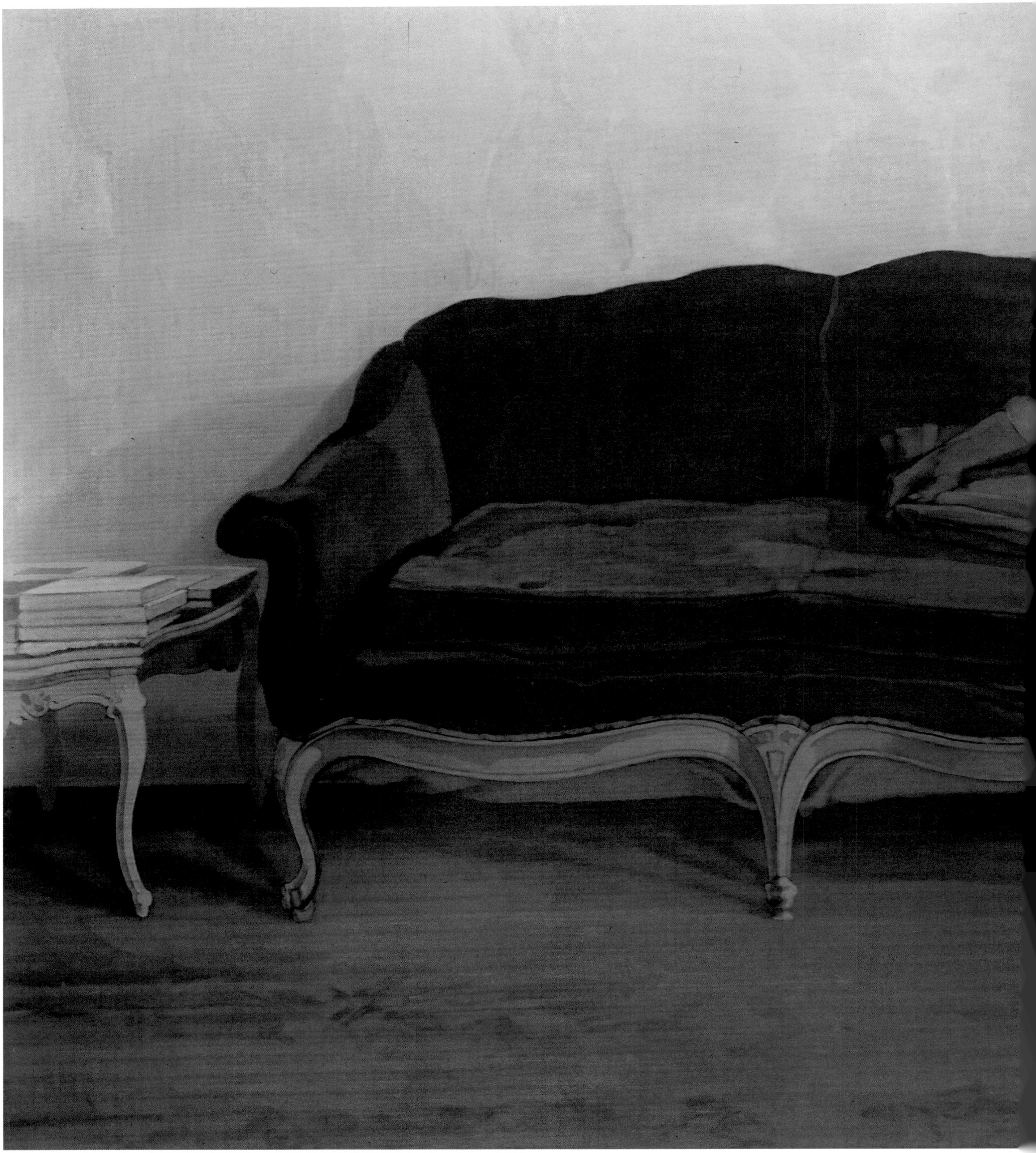

70.
Portrait of Margaret Danner.
Portrait de Margaret Danner, 1979, peinture acrylique sur Isorel, 109 x 166 cm.

Entrée du Victor Hotel,
la nuit
Chicago
1981

Il y avait une curieuse prostituée noire au J.N.L.*. Grande, gracieuse... Il y a une petite étude d'elle, en pied, dans les dernières pages du catalogue**. Elle a des cheveux courts décolorés et porte des vêtements "francisés", comme dirait Emile. Après trois nuits d'attente, comme elle ne venait pas, j'ai décidé de choisir parmi les autres : Black Linda, White Linda, Mississippi, Pregnant Mary... Mississippi, surnommée "Face de Dracula" à cause de son visage émacié et exsangue, a simplement répondu « Meerde ! » à mon offre de vingt dollars pour une séance de pose d'une heure. « Je peux faire vingt sacs en vingt minutes. » J'étais mal tombé, c'était une nuit particulièrement chargée. Le soir suivant, Anita, habituée à me regarder dessiner pour "Slow Night at the J.N.L. Tavern", est venue me demander combien je lui prendrais pour faire son portrait. « Combien me prendrais-tu, toi ? » lui ai-je répondu.
– Tu plaisantes.
– Non, j'aimerais environ une heure. Est-ce que vingt sacs, ça irait ?
– T'es un flic ?
– Tu ne vas pas croire ça. Tu m'as vu ici plusieurs fois en train de dessiner. Je voudrais simplement aller à l'hôtel où tu travailles et faire un dessin de toi.
– Heu... Est-ce que je peux te faire confiance ?
– Oui.
– Tu ne vas pas me faire de mal ?
– Non.
Pour arriver au Victor Hotel on traverse une zone bordée de murs d'usine, de rideaux de fer baissés sur des devantures, et de passages sombres. Il y a eu beaucoup d'agressions par ici. Anita m'a demandé mon parapluie pour s'en saisir comme d'une matraque, et d'accélérer le pas.
– Je suis crevée. J'ai été dévalisée, battue...
– Par qui ?
– Des voyous.

La rotation au Victor Hotel est comme dans une station de métro. Il n'y avait plus de chambre libre pour une heure. Seulement des demi-heures à huit dollars, plus vingt dollars pour elle. Un vieux lit en cuivre brun, un lino usé à damier vert, un petit évier, une chaise, une serviette sur une corde et "Mr et Mme" inscrit sur le registre pour être en règle.
– Maintenant, je veux que tu te comportes comme si j'étais un client. Fais tout ce que tu as l'habitude de faire et je t'arrêterai à un certain moment pour te demander de garder la pose. Est-ce que tu te déshabilles ?
– Me déshabiller ? Pour un client ??? D'habitude, tu sais, je porte des pantalons, j'enlève juste une jambe... Tu ne vas pas me dessiner sans vêtements ? J'ai d'horribles vergetures.
J'avais pensé qu'elle avait environ vingt ans. En fait, elle en a trente-deux, et elle a trois enfants, dont deux adolescents plus grands qu'elle. Elle portait des dessous rouges sur un ventre comme une peau d'éléphant couleur de cendres, un corps démoli par les drogues, la boisson et tout le reste... Il ne paraissait pas lui appartenir.
Elle s'est allongée, a mis ses mains derrière la tête, je lui ai dit que c'était très bien et j'ai commencé à travailler pour en faire le plus possible en vingt minutes.
– Ce serait bien plus simple de baiser, non ?
– Il faut que je fasse ce travail.
– Il faut de tout pour faire un monde.
Elle s'est endormie, comme pétrifiée. Les mains derrière la tête, les pieds croisés, les coudes en l'air. Cela me plaisait. Elle n'allait pas se lasser ni se tortiller. Au bout de vingt minutes, le garçon de la réception est venu frapper à la porte. Je me suis hâté pour avoir le plus de détails possibles de l'arrière-plan. Ensuite, je ne suis pas arrivé à la réveiller. Je l'ai poussée, secouée, giflée une ou deux fois. Aucun résultat. Bon sang, elle ne bougeait pas. Les mains derrière la tête, les pieds croisés, les coudes relevés. Je me suis inquiété. J'ai commencé à la secouer très fort. Elle a semblé revenir lentement de quelque part – d'une grande profondeur. Elle ne savait pas où elle se trouvait mais elle était consciente qu'il lui faudrait du temps pour s'en rendre compte et "remonter".
– Encore une minute... Encore une minute...
Elle devait y réfléchir. Elle ne bougeait toujours pas. Les coudes levés. Quel modèle ! Immobile comme une architecture.
Bien sûr, j'ai dû revenir la semaine suivante pour des détails d'arrière-plan. Le problème était d'obtenir la même chambre. En fait, je n'avais pas besoin de la fille et en outre elle me coûtait de l'argent. Mais si je ne la prenais pas et si j'entrais là avec mon papier à dessin et tout le reste, quelle raison avais-je de vouloir une chambre d'une demi-heure ? On aurait pu me soupçonner d'être journaliste. (J'avais emporté aussi une mallette avec des crayons et un exemplaire du catalogue. J'avais pensé qu'il était prudent d'avoir cela avec moi au cas où j'aurais été interpellé par la police. Ces derniers temps, les descentes chez les filles ont redoublé. Les flics et les agresseurs se disputent les mêmes victimes. Et je voulais être en mesure de prouver que j'étais avec la fille pour des raisons artistiques.) Nous n'avons pas pu avoir la chambre. La nuit suivante, elle y est retournée seule et a refilé quelques dollars au garçon à la réception pour s'assurer que nous l'aurions plus tard dans la soirée. Elle lui a dit que c'était pour un client qui "n'y arriverait pas" à moins de se retrouver dans la même chambre où cela avait "marché" la fois d'avant. L'employé n'a pas trouvé cela bizarre du tout. Certains clients aiment même être battus avec une ceinture. J'ai terminé mon dessin et maintenant je mets les dernières touches au tableau que je vais appeler "At the Victor Hotel" (A l'Hôtel Victor).

Victor Hotel
Chicago
1981

Lettre à Albert Loeb, 3 juin 1979

* *J.N.L. Tavern.*
** *Catalogue de l'exposition à la Galerie Albert Loeb en 1979.*

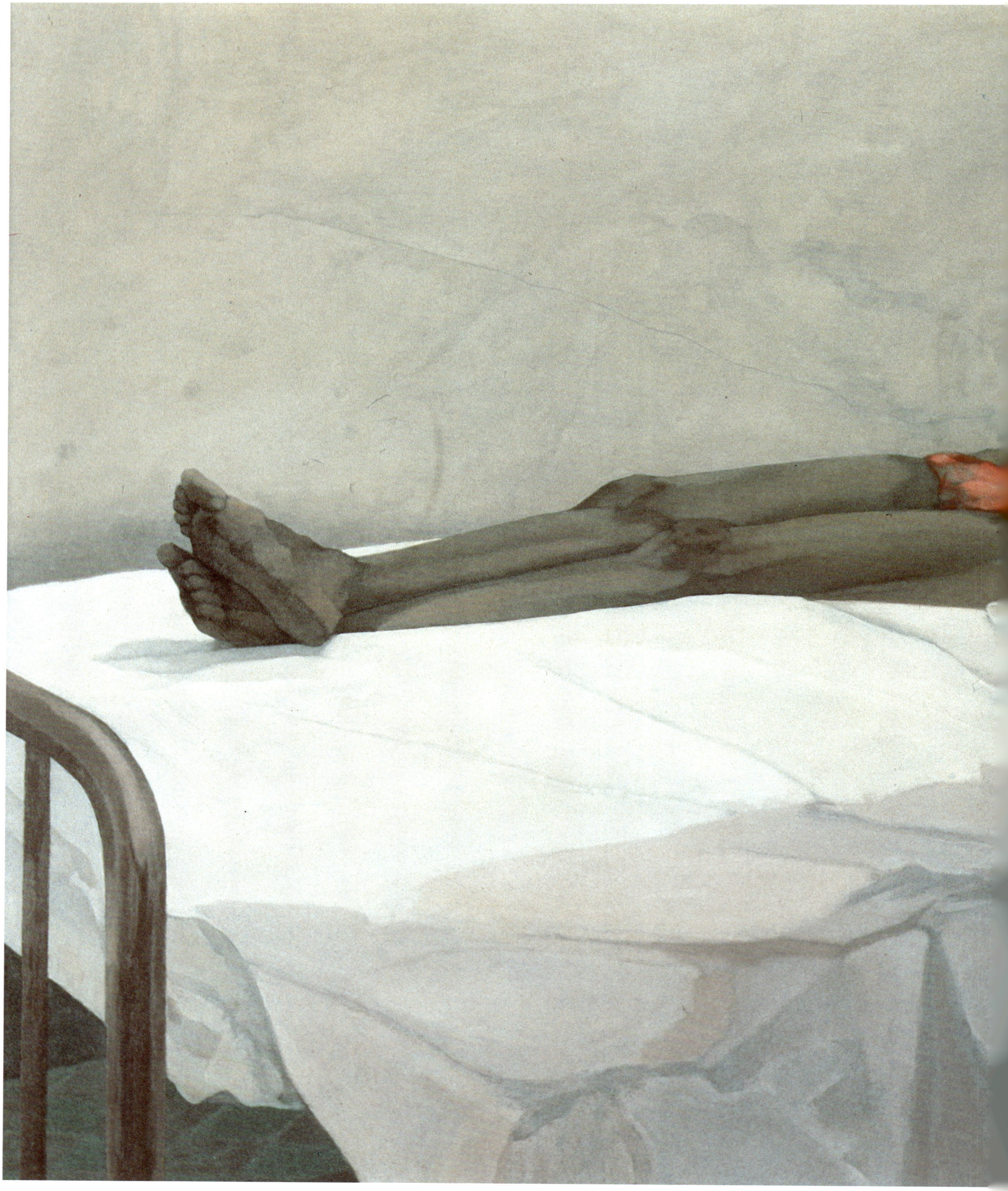

71.
Anita at the Victor Hotel.
*Anita à l'hôtel Victor,
1979,
peinture acrylique
sur Isorel,
96 x 138 cm*

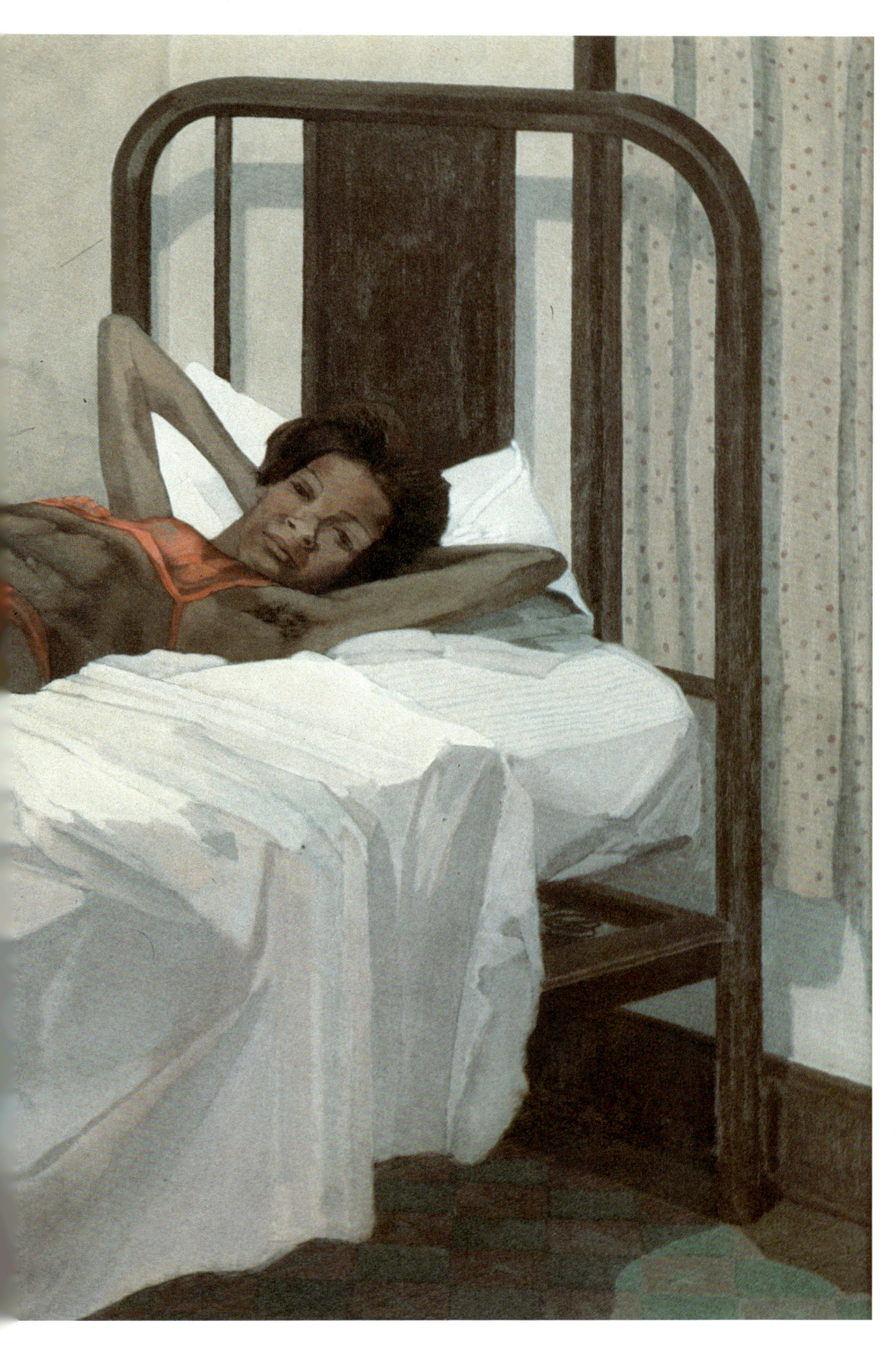

72. **Woman at the Bar.**
Femme au bar,
1980,
dessin au crayon noir,
60,5 x 45,5 cm.

73. **Ladies Drinks.** *Boissons pour dames, 1980, peinture acrylique sur Isorel, 92 x 76 cm.*

**74.
Couple Seated at a Bar.**
*Couple assis au bar,
1977,
dessin au crayon noir,
74 x 59 cm.*

La peinture "Bohemian Club Reflection" a été réalisée à partir de dessins faits à l'ancien Bohemian Club Bar juste avant qu'il ne ferme définitivement ses portes. A l'origine le tableau était plus grand. La composition comprenait une caisse enregistreuse ainsi qu'une rangée de bouteilles sur une étagère située sous le personnage. J'ai terminé le tableau avec une scie sauteuse...

Lettre à Albert Loeb, été 1982

75. **Bohemian Club Bar Reflections.** *Reflets au Bohemian Club Bar, 1981, peinture acrylique sur Isorel, 91 x 117 cm.*

Robert Guinan
sur Halsted Street
la nuit
Chicago
1981

Ce qui m'a intéressé ici* c'est le jeu dramatique entre l'ensemble des lumières artificielles et la clarté pâlissante du ciel. Tout cela dans un décor consistant en maisons basses sans grand ou même sans aucun intérêt architectural.

Lettre à Albert Loeb, 1982

* *North Avenue Light*

76. **At the North Avenue Station.** *A la station de métro North Avenue, 1980, peinture acrylique sur Isorel, 109,5 x 134 cm.*

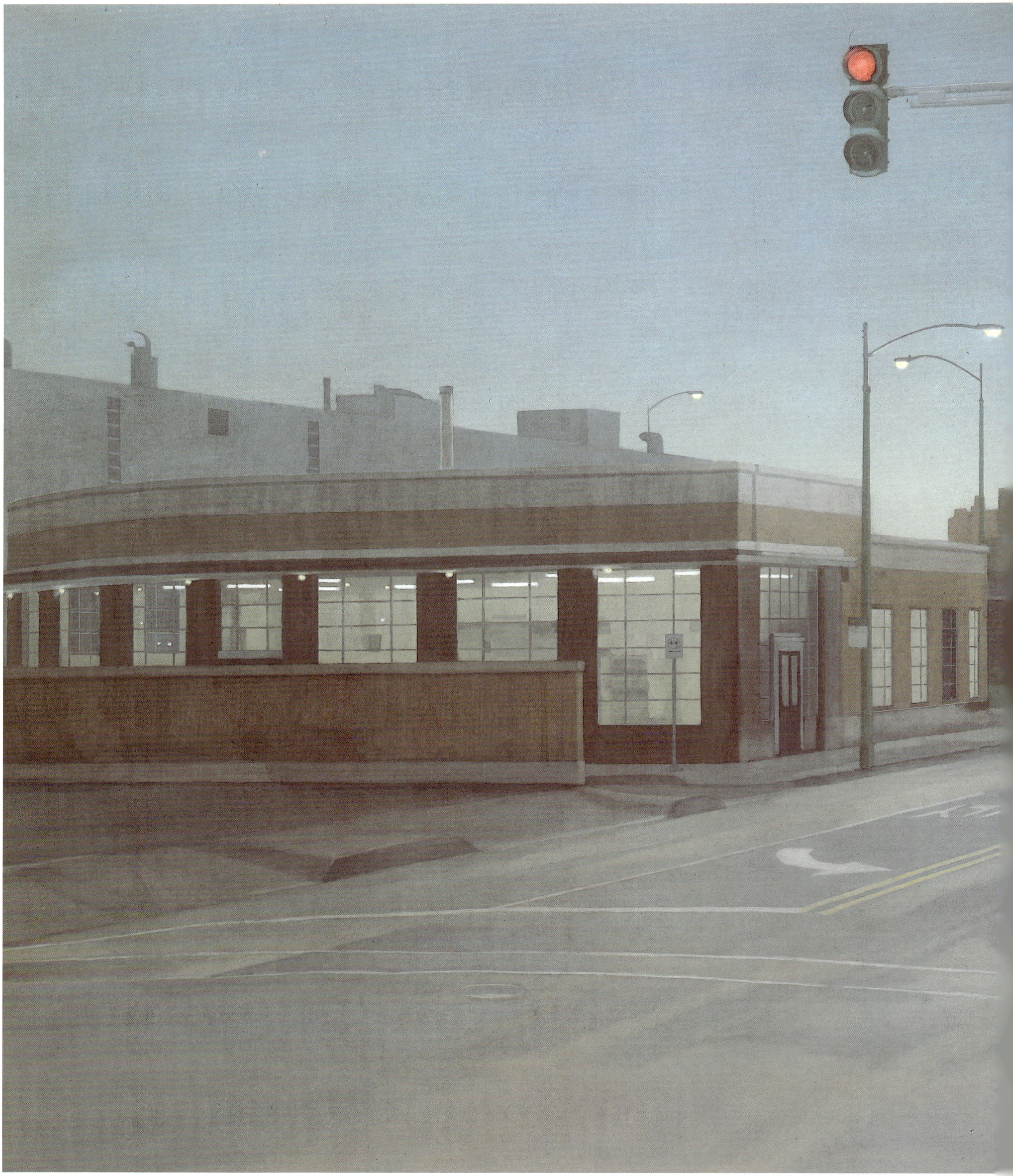

77.
North Avenue Light.
*Feu rouge
sur North Avenue,
1980/1981,
peinture acrylique
sur Isorel,
112 x 169 cm.*

L'entrée de la
National Cafeteria
Chicago
1981

La cafétéria existe depuis plus de quarante ans. La femme du tableau y travaille depuis presque vingt ans et l'homme est aussi un vieux de la vieille. Tu sais que mon travail a été une sorte de catalogue de sujets en péril et que j'ai eu du mal à garder le rythme : les bâtiments disparaissent et les bars brûlent ou ferment alors que je suis en train de les peindre. Comme l'a dit Jean Clair : « Tout semble toujours être en sursis. » Dans le cas présent, alors que j'étais au beau milieu de mon tableau, tout le personnel, gérant et employés, a disparu un week-end sans crier gare et le lundi suivant, c'est une foule de Pakistanais qui les avaient remplacés !

Lettre à Albert Loeb, 1982

78.
At the National Cafeteria.
*A la National Cafeteria, 1981,
dessin au crayon noir,
17 x 24 cm.*

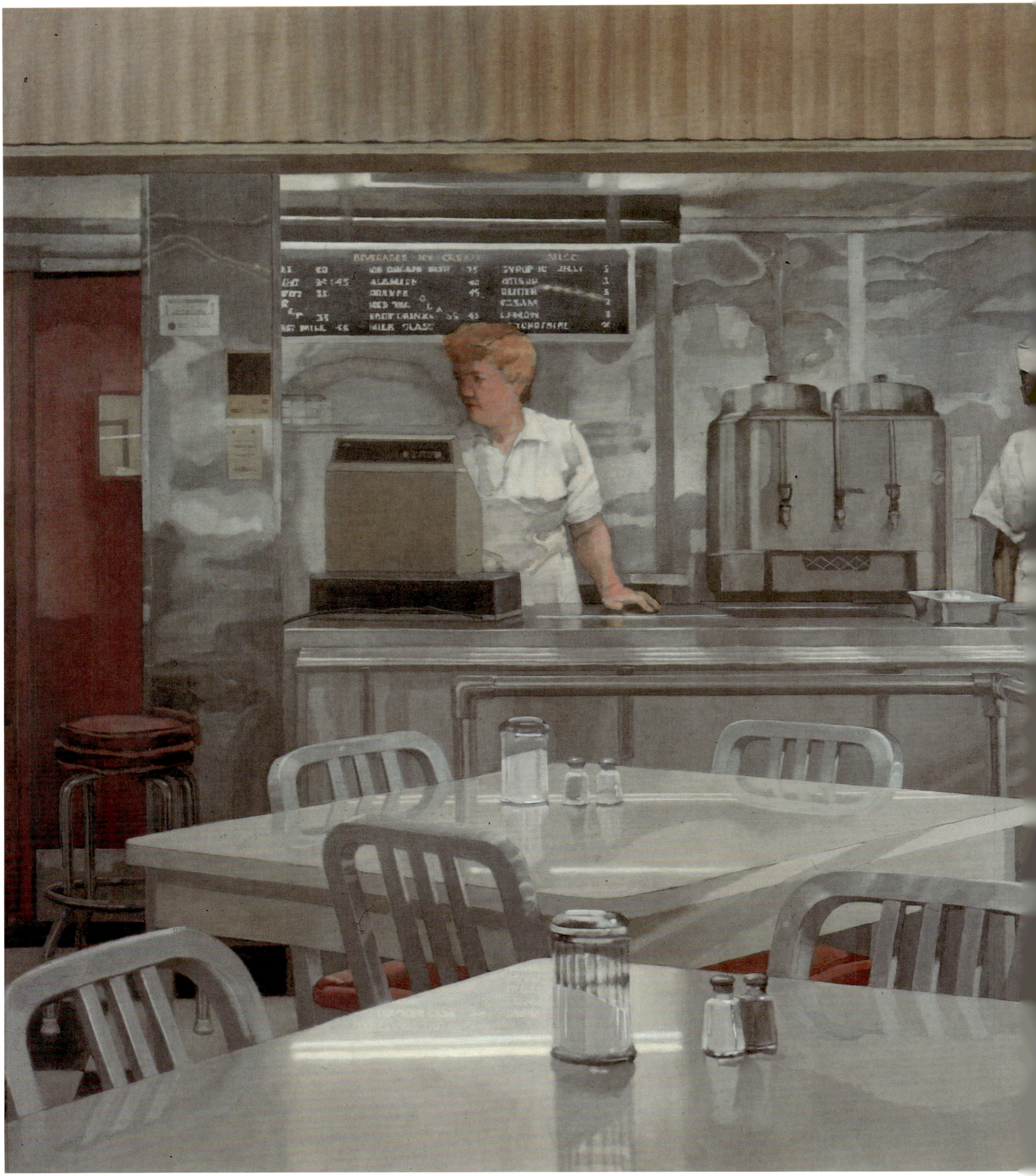

79.
At the National Cafeteria.
*A la National Cafeteria,
1981,
peinture acrylique
sur Isorel,
122 x 194 cm.*

155

Le café – qui vend également des sandwiches – à la station de métro de Wilson Avenue dépend de la CTA (Chicago Transit Authority*). Il arbore sur ses vitrines un ensemble fort attrayant d'affiches. Le propriétaire refusait de me laisser dessiner l'intérieur du café. Il venait à peine de rouvrir après une fermeture ordonnée par le maire de Chicago. Le maire avait fait un tour de la ville dans un des bus de la CTA pour observer le comportement du public et il avait été choqué par la quantité de détritus et de graffitis accumulés dans le bus par certains passagers. Quelques jours plus tard, la police commença à arrêter des adolescents qui salissaient les bus ou simplement y mangeaient des sucreries, des glaces, et même – dans un cas – des graines de tournesol. Tous les magasins vendant des aliments – situés sur les terrains appartenant à la CTA – furent fermés pour un temps. Et c'est pourquoi, le jour où il était enfin autorisé à rouvrir son café, le propriétaire était assez nerveux pour supposer que la police verrait d'un mauvais œil un individu en train de dessiner sur place. Le nouveau règlement ordonnait que les clients ne s'attardent pas. Si je voulais faire un dessin je devais m'installer à l'extérieur. Par chance je pus observer et noter ce qui m'intéressait en me plaçant juste à côté de l'entrée du café. Au cours d'une de mes visites le propriétaire me fit remarquer que si j'utilisais le mot "hamburger" sur le tableau je serais en infraction avec un décret édicté par la ville. Il attira mon attention sur le fait que le préfixe HAM avait été supprimé sur le panonceau HAMBURGER et remplacé – pour les besoins de la cause – par une rosette. Cela avait été fait à la demande de la police car il s'agissait d'une publicité mensongère du fait que dans les hamburgers il n'y a pas de ham**. Sans doute s'agit-il là d'un des moyens utilisés par la loi pour lutter contre le crime. Il n'y a pas de ham dans les hamburgers et il n'y a pas de franck dans les franckfurters***. Ces deux plats ayant été nommés d'après des villes allemandes. Je n'ai pas remarqué de changement sur les panonceaux chez Mc Donald...

Lettre à Albert Loeb, été 1982

* *Equivalent à Chicago de la RATP*
** *Jambon*
*** *Saucisses de Francfort.*

80. **At the Wilson Avenue Station.** *A la station de métro Wilson Avenue, 1982, peinture acrylique sur Isorel, 122 x 137 cm.*

81. *Etude pour* **J.N.L. Memory.** *Souvenir du J.N.L., 1988, dessin au crayon noir, 60 x 59,5 cm.*

82. **Toto at the J.N.L. Tavern.** *Toto à la taverne J.N.L., 1980, dessin aux crayons noir et de couleur, 73,5 x 57 cm.*

83.

Young Prostitute and her Pimp.

Jeune prostituée et son protecteur,
1980,
dessin, 76 x 56 cm.

Je pense que le nouveau grand tableau sera le dernier que je peins sur le thème des bars. Je l'ai réalisé à partir de dessins faits au cours des deux dernières années. Il condensera en quelque sorte l'atmosphère du J.N.L. et du Bohemian Club, aujourd'hui disparus. Quel nouveau sujet va bien pouvoir remplacer celui-ci ?

Lettre à Albert Loeb, 17 juillet 1981

84.
J.N.L. Memory.
*Souvenir du J.N.L.,
1981,
huile sur toile,
153 x 115 cm.*

85.

Etude pour **The Amputee.**

L'amputée,

1981,

dessin au crayon noir,

56 x 44,5 cm.

J'ai peint la femme aux béquilles : le portrait était bon, mais pas la composition. J'ai à nouveau sorti la scie pour le recadrer. Je me suis servi de la femme aux béquilles comme d'une étude dans laquelle j'ai essayé, en peignant spontanément, d'obtenir les effets que j'ai obtenus jusqu'à présent avec une éponge et des glacis. Cela a duré toute la nuit mais j'ai dû inventer une grande partie du décor parce que le J.N.L. ayant brûlé, je ne pouvais pas y retourner pour vérifier les détails. Je n'arrivais même pas à trouver un titre au tableau. Il semble qu'il y ait deux prostituées amputées dans la rue – toutes deux avec la même jambe en moins. Personne ne sait de laquelle je parle quand je demande le nom de celle qui a posé pour moi.

Lettre à Albert Loeb, juillet 1981

86.
The Amputee.
*L'amputée,
1981,
peinture acrylique
sur Isorel,
136 x 97 cm.*

87 a - b.
Etudes pour **Ballet Students.**
Elèves d'un cours de danse,
1983,
dessins au crayon noir.

88. **Ballet Students.** *Elèves d'un cours de danse, 1983, peinture acrylique sur Isorel, 71 x 59 cm.*

89.
Ballet Studios in the Fine Arts Building.
Salles de danse dans le Fine Arts Building, 1982, dessin aux crayons noir et de couleur, 77 x 76 cm.

90. **Ballet Studios in the Fine Arts Building.** *Salles de danse dans le Fine Arts Building, 1982-83, peinture acrylique sur toile, 168,5 x 174,5 cm.*

91.
Woman with a Car.
Femme à la voiture,
1986,
dessin aux crayons noir et de couleur,
73,5 x 86,5 cm.

92. **Blue Girl with Red Wagon.** *Femme en bleu à la voiture rouge, 1984, huile sur Isorel, 106,5 x 117 cm.*

Le moment le plus palpitant du processus est la chasse. Essayer de saisir la proie au vol ; de croquer une silhouette dans un train en marche ou dans un bar mal éclairé, de saisir l'attitude, l'inclinaison de la tête, le glissement de la lumière sur la chevelure ou la couleur du pli de la manche – de noter tout cela avant que les gens ne s'éloignent, avant qu'ils ne vous repèrent. Ce ne sont pas encore les affres de la création ; seulement la fébrilité de la traque et la nécessité de se hâter pour conserver toute la fraîcheur : premier pas au-delà de la réalité. Les personnages de beaucoup de ces dessins ont posé de leur plein gré ; en général, simplement parce que l'idée leur semblait nouvelle. Ceux qui ne toléreraient pas un objectif braqué sur eux sont désarmés par un crayon et un carnet de croquis. Et si parfois une résistance apparaît, elle naît de la crainte de se faire avoir. « Je ne te l'achèterai pas, ce n'est pas la peine de continuer », dit d'un air entendu la prostituée vissée sur le tabouret du bar, qui en sait long. Ou encore : « Pourquoi voudrait-on un dessin de quelqu'un que l'on ne connaît même pas ? » Rentrer chez soi avec ces esquisses, c'est comme revenir d'un safari avec une brochette de trophées exotiques. Le travail que demandent les tout premiers dessins et peintures qui suivent peut être ingrat. C'est comme s'il s'agissait d'empailler et de monter ces trophées. Voilà le premier obstacle à surmonter. C'est là que le combat commence.

R.G., Chicago, février 1988

93.
At the Hotel.
*A l'hôtel,
1985,
dessin aux crayons
noir et de couleur,
98 x 70 cm.*

94. **Pepsi-Cola II.** *1985, dessin aux crayons noir et de couleur, 58,5 x 66,5 cm.*

95. **Pepsi-Cola I.** *1985, dessin aux crayons noir et de couleur, 64 x 73 cm.*

96. **Office Girls after Work.** *Employées de bureau après le travail, 1986, dessin aux crayons de couleur, 76 x 94,5 cm.*

97. **At the Double-Door Bar.** *Au Double-Door Bar, 1985, dessin aux crayons noir et de couleur, 76 x 89 cm.*

98. **Geraldine in the Mirror.** *Géraldine dans le miroir, 1985, dessin aux crayons noir et de couleur, 56 x 61 cm.*

99. **At the Bohemian Club Bar.** *Au Bohemian Club Bar, 1985, dessin aux crayons noir et de couleur, 58,5 x 56 cm.*

100.
Etude pour **Kind Hearted Woman**.
Femme au grand cœur, 1988,
dessin aux crayons noir et de couleur,
35,5 x 43 cm.

30 août 1988

Albert,

Un jour ou deux après ton départ, j'ai reçu un coup de fil de Géraldine (comme il fallait s'y attendre) – à 7.30 du matin.
« Robert, il faut que je te parle aujourd'hui. C'est important !
– Qu'est-ce qu'il y a qui ne va pas ? (silence – je savais).
– J'aime ce que tu as fait, d'une certaine manière, mais tu m'as représentée comme une infirme.
– Je n'ai jamais pensé à toi comme une infirme.
Je savais qu'un avocat spécialisé dans les problèmes des infirmes avait récemment obtenu qu'une institution lui verse une compensation de huit mille dollars. Je lui dis que je ne pouvais pas venir tout de suite, que je devais m'absenter de Chicago mais que je la rencontrerai au bar le mardi suivant.
Le mardi, je pris le bus jusqu'au coin de Fullerton et Pulaski et je l'observai depuis le trottoir d'en face, sans qu'elle puisse me voir. Le bar est tout près de l'hôtel et je voulais voir si elle en sortait seule ou avec un Blanc avec une cravate et une serviette.
Comme elle était toute seule, j'allai la rejoindre au bar. Naturellement, tout le monde avait déjà vu le catalogue.
« Robert, qui a mis le mot "prostituée" dans ce livre ? »
– Oh, c'était pour identifier un ou deux dessins que j'avais faits il y a dix ans. A cette époque-là, Albert Loeb ne connaissait pas ton nom. Maintenant il t'appelle Géraldine.
– C'est lui qui est venu avec toi ?
– Oui.
– Bon. Et puis merde, j'ai quand même montré le livre à ma famille et je suis allée consulter un avocat.
– Vraiment ? Qu'est-ce que tu bois Géraldine ?
– Il dit que c'est trop tard maintenant pour ce livre, mais à l'avenir je veux un contrat.
– Oh, absolument. Mais je n'ai jamais gagné d'argent avec ça. Loeb essaye de vendre mon travail depuis des années, mais sans grand succès. Il a publié ce livre à ses frais, pour mieux me faire connaître.
– Robert, toi et moi nous sommes pauvres. Mais tu dois avoir plus confiance en toi-même. Tu vas peindre un portrait de moi et ce sera un chef-d'œuvre ! Un jour nous serons riches et nous irons à Paris. Parce que tu vois, Robert, tu n'es pas comme les autres artistes. Ils peignent tous des Blancs. Toi, tu es différent, tu peins des Noirs ! C'est ce qui devient à la mode. Regarde tous les Noirs qu'il y a à la télévision maintenant.
– Tu sais, les dessins ne se vendent pas cher. Mais un tableau... Si je faisais un tableau de toi, il se vendrait peut-être mille dollars. Là-dessus, combien voudrais-tu que je te donne ?
– Environ deux ou trois cents dollars.
– Quoi ?
– Je ne demanderais pas la moitié.
– Par ailleurs, Géraldine, il se peut que je reste une année entière sans rien vendre. Qu'est-ce que tu dis de ça ?

– Il faudrait quand même me payer pour poser.
– Dans le passé, je t'ai payée environ vingt dollars de l'heure.
– C'est vrai.
– Eh bien dis-donc, tu as là un sacré rêve !
– Mon avocat dit que tu devrais voir un avocat pour lui faire établir un contrat qu'il vérifiera.
– Je n'ai pas d'avocat.
– On pourrait aller voir le mien. Il habite juste en face.
Je me retournai et regardai par la porte. Il y avait une maison en parpaings que se partageaient un avocat et un dentiste. Je lui dis que j'irai voir quelqu'un lorsque j'aurais fini ce que j'étais en train de faire, et ça serait vers la fin septembre.
– Robert, je suis désolée de t'avoir engueulé au téléphone l'autre jour, mais j'étais bouleversée parce que mon meilleur ami venait de mourir.
– Tu veux dire le gardien de nuit de l'hôtel qui n'a qu'un bras ?
– Oui. Il savait qu'il allait mourir. Il m'avait invitée dans sa chambre une ou deux matinées pour regarder des films vidéo. Le premier jour il avait passé "La mort prend des vacances", le jour suivant un film qui parlait de la mort et des funérailles dans divers endroits du monde. Puis il m'avait dit de ne plus venir. Mais j'ai eu une vision (Tu sais que j'ai des visions, Robert). Je l'ai vu assis sur les cabinets dans sa chambre, sans son bras et sans ses jambes artificielles. Deux jours plus tard il ne s'est pas présenté à la loge de l'hôtel. Quand ils ne sont pas arrivés à le joindre au téléphone, ils ont essayé d'enfoncer sa porte et n'ont pas pu. Alors mon boyfriend Herb et un autre type sont sortis dans la rue et ont grimpé avec une échelle jusqu'au deuxième étage. Herb est entré et c'était exactement comme dans ma vision. Il était assis sur les cabinets, nu, sans ses membres, mort. Herb a tremblé pendant deux jours. Deux jours durant ! J'imagine que c'est parce qu'il n'avait pas l'habitude de voir quelqu'un sans ses membres. Ils ont emmené mon ami à la morgue. Sa mère est le seul parent qui lui reste. C'est un Blanc mais je voulais qu'il ait des funérailles noires à mon église avec toute la musique, tu sais. Mais il est encore à la morgue. Personne ne peut rien faire. Personne n'en a le droit. Sa mère est en croisière autour du monde. On ne sait pas où la joindre.

Robert

101.
Etude pour
Kind Hearted Woman.
*Femme au grand cœur,
1988,
dessin aux crayons
noir et de couleur,
59 x 74 cm.*

102.
Kind Hearted Woman.
*Femme au grand cœur,
1988,
huile sur Isorel,
94 x 122,5 cm.*

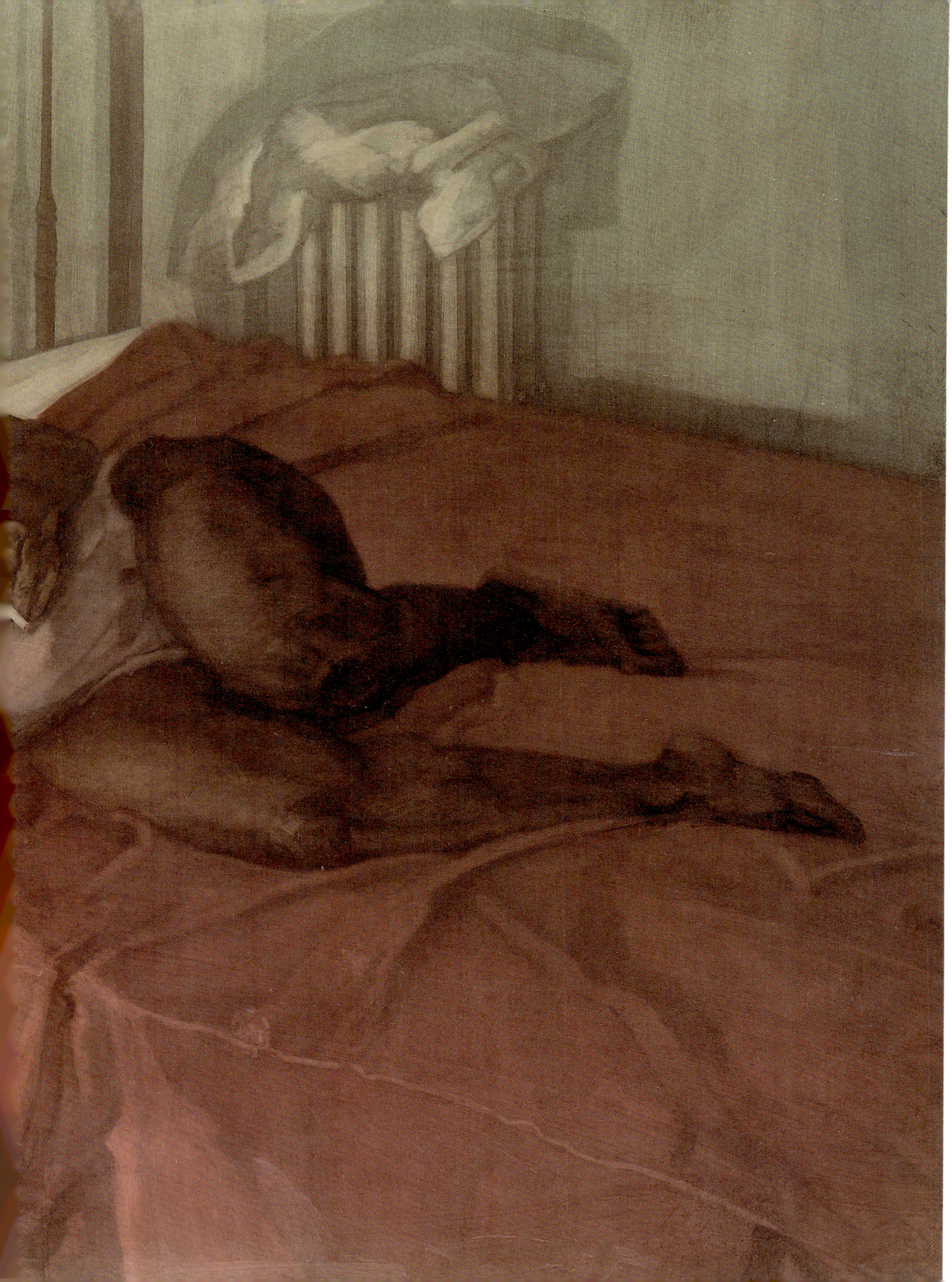

Ravenswood

Métro aérien
à Chicago
1983

Je dessinais la nuit sur Ravenswood, une ligne de métro aérien du Northwest Side moins bondée que les deux plus grandes lignes de métro reliant les différents quartiers de Chicago au centre de la ville. Même avec un carnet de dessin assez petit pour être dissimulé par le dossier du siège devant moi, les gens – les femmes surtout – se sentaient souvent observés, et allaient s'asseoir ailleurs. Les gens assis dans l'autre rangée à ma gauche et me faisant face, se reflétaient contre l'obscurité de la nuit sur la fenêtre du siège à ma droite. Je décidai de dessiner ces images au lieu des "modèles" vivants et grâce à ce stratagème, j'avais seulement l'air de regarder par la fenêtre. Les passagers ne se sentaient plus menacés par une observation directe.

Lettre à Albert Loeb, juillet 1990

Guinan
à la station
Van Buren
Chicago
1983

103. **Van Buren Street Station.** *A la station de métro Van Buren Street, 1983, peinture acrylique sur Isorel, 126 x 110 cm.*

104.
Etude pour **Big Blond Girl.**
La grande blonde,
1984,
huile sur Isorel,
99 x 77 cm.

105.
Big Blond Girl.
La grande blonde,
1984,
huile sur Isorel,
117,5 x 90 cm.

106.
Etude pour **Ravenswood I.**
1984, dessin au crayon noir,
35,5 x 43 cm.

107. **Ravenswood I.** *1984, huile sur Isorel, 91,5 x 76,5 cm.*

108.
Ravenswood III.
*1984,
huile sur Isorel,
103 x 131 cm.*

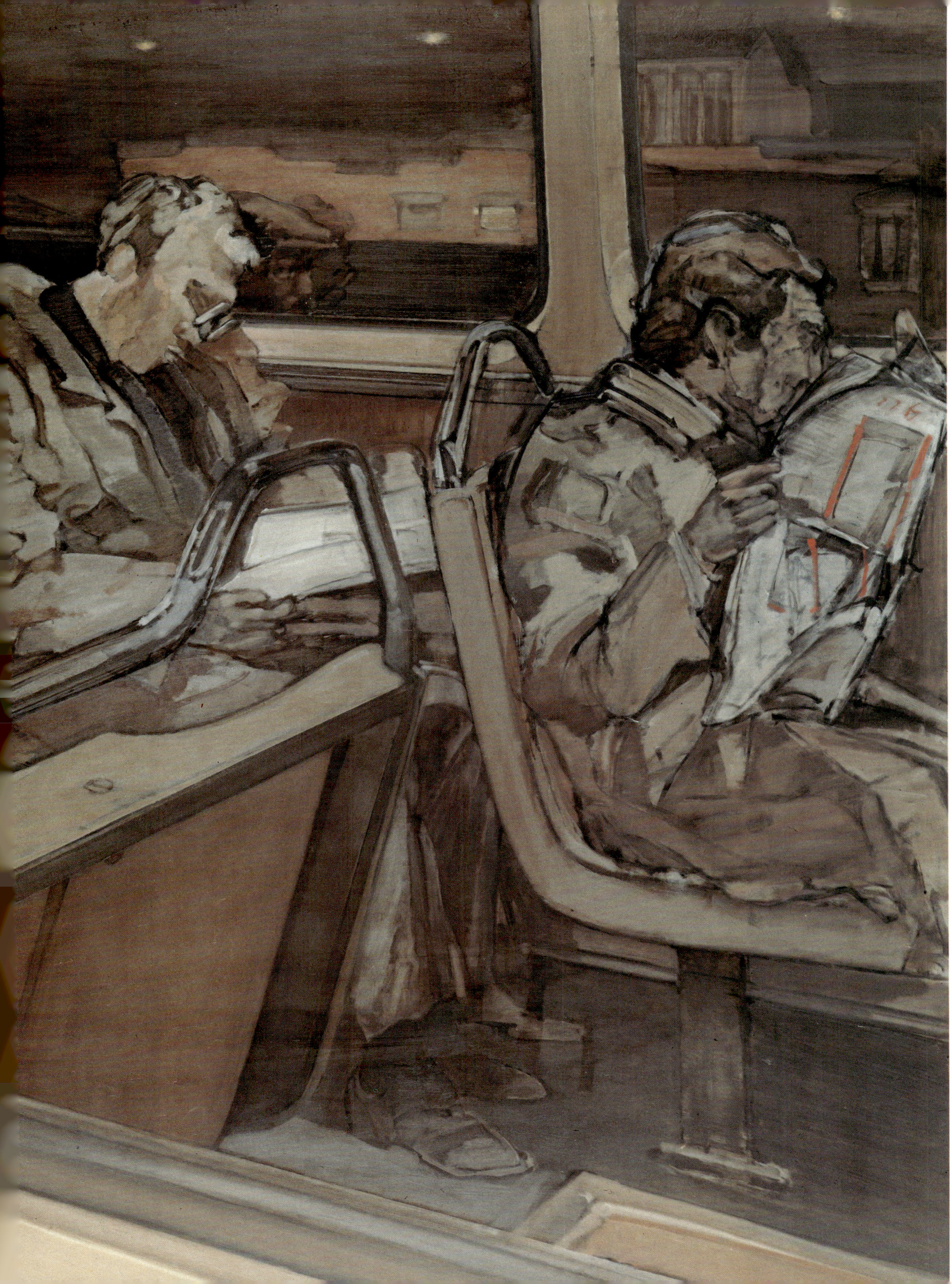

109.
Ravenswood.
1988,
dessin au crayon noir,
43,5 x 35,5 cm.

110.
Ravenswood II.
*1984,
huile sur panneau,
107 x 73 cm.*

111.
Etude pour **On the Subway.**
Dans le métro, 1984,
dessin au crayon noir,
35,5 x 43 cm.

112. **On the Subway.** *Dans le métro, 1984, huile sur Isorel, 91 x 100 cm.*

113.
**Ravenswood IV.
(Paul Guinan),**
*1985,
huile sur Isorel,
73,5 x 125,5 cm.*

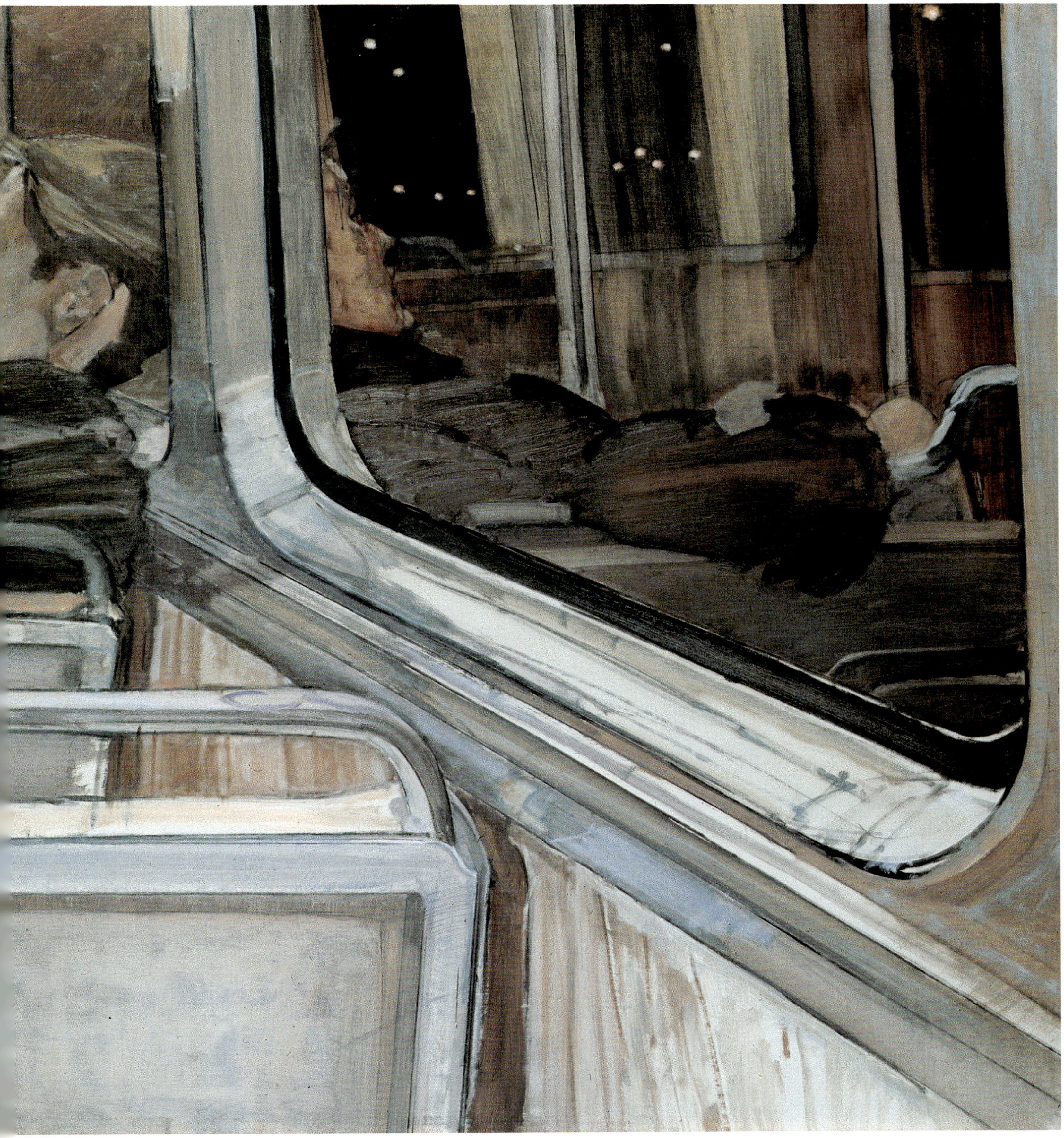

114. **Etude pour Ravenswood V.** *1988, dessin aux crayons noir et de couleur, 61 x 46 cm.*

115.
Ravenswood V.
*1989,
huile sur panneau,
116 x 87,5 cm.*

116. **Mister "Taps" in the Subway.** *Monsieur "claquettes" dans le métro, 1985, huile sur Isorel, 123 x 105 cm.*

117.
Selling Roses for Reverend Moon.
*Vendeuse de roses pour le révérend Moon,
1985,
huile sur Isorel,
87 x 79,5 cm.*

118. **Philip Wilson and Malachi Favors.** *1986, dessin aux crayons noir et de couleur, 88 x 74 cm.*

119.
Lester Bowie.
*1986,
dessin aux crayons noir et de couleur,
76 x 96 cm.*

120. **Subway Music-Flute.** *Musique dans le métro : flûte, 1986, dessin aux crayons noir et de couleur, 101 x 76 cm.*

121. **Subway Music-Trombone I.** *Musique dans le métro : trombone I, 1986, dessin aux crayons noir et de couleur, 92 x 72 cm.*

122. Subway Music-Conga. *Musique dans le métro : conga, 1986, dessin aux crayons noir et de couleur, 101,5 x 76 cm.*

123. **Subway Music-Drum.** *Musique dans le métro : tambour, 1986, dessin aux crayons noir et de couleur, 99 x 72 cm.*

124. **Geraldine Lying.** *Géraldine allongée, 1987, dessin aux crayons noir et de couleur, 45,5 x 61 cm.*

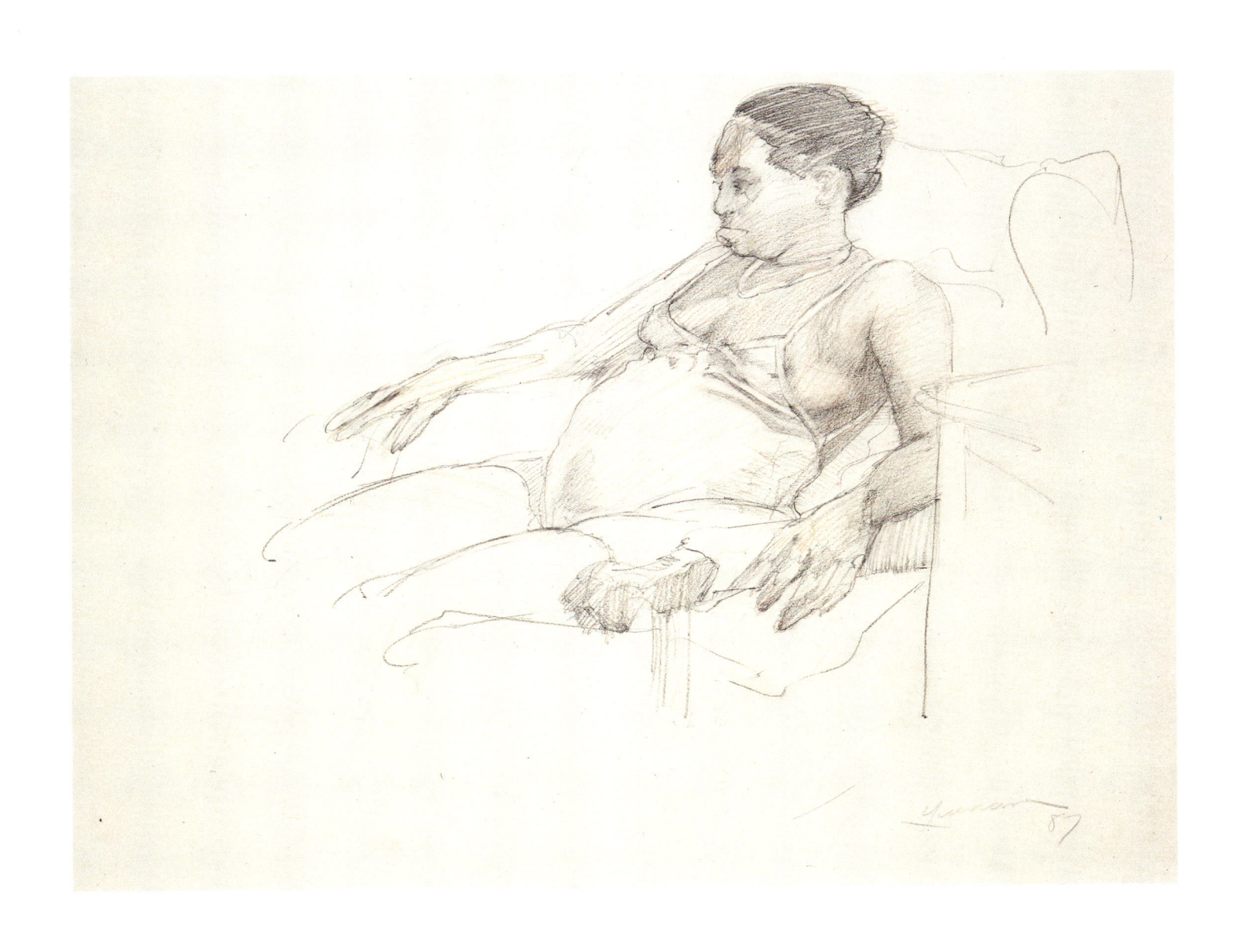

125. **Geraldine Seated.** *Géraldine assise, 1987, dessin aux crayons noir et de couleur, 45,5 x 61 cm.*

126.
Geraldine.
*1987,
dessin aux
crayons noir
et de couleur,
61 x 45,5 cm.*

127.
Geraldine.
*1987,
dessin aux
crayons noir
et de couleur,
60,5 x 46 cm.*

128.
Geraldine with a Hat.
*Géraldine au chapeau,
1987,
dessin aux crayons
noir et de couleur,
60,5 x 46 cm.*

129.
Geraldine.
*1987,
peinture acrylique
sur Isorel,
102,5 x 69,5 cm.*

130.
Etude pour
**When you Got
a Good Friend.**
*Quand on a
une amie fidèle,
1988,
dessin (double face)
au crayon noir,
74 x 59 cm.*

131. **When you Got a Good Friend.** *Quand on a une amie fidèle, 1987, peinture acrylique sur Isorel, 99,5 x 110 cm.*

132.
Etude pour **Portrait of Judy.**
Portrait de Judy,
1987,
dessin aux crayons noir et de couleur,
35,5 x 43 cm.

133. **Portrait of Judy.** *Portrait de Judy, 1987, peinture acrylique sur Isorel, 94 x 114 cm.*

134.
Etude pour **Reflections of Sam's Bar.**
Reflets au Sam's Bar, 1987,
dessin aux crayons noir et de couleur,
39,5 x 43 cm.

135. **Reflections of Sam's Bar.** *Reflets au Sam's Bar, 1987, huile sur Isorel, 128 x 110 cm.*

136.
Etude pour **At the Double-Door Tavern.**
*A la taverne Double-Door, 1987,
dessin au crayon noir,
35,5 x 43 cm.*

137. **At the Double-Door Tavern.** *A la taverne Double-Door, 1987, peinture acrylique sur Isorel, 102 x 111,5 cm.*

138.
Etude pour **Cindy and Edna at Sam's Bar.**
Cindy et Edna au Sam's Bar,
1989,
dessin aux crayons noir et de couleur,
43 x 35,5 cm.

139.
Cindy and Edna at Sam's Bar.
*Cindy et Edna au Sam's Bar,
1989,
huile sur panneau,
111 x 79 cm.*

140.
Etude pour **Country Rock II.**
1988,
dessin au crayon noir,
74 x 59 cm.
Au verso :
illustration 130.

141. **Country Rock II.** *1989, huile sur Isorel, 131 x 93 cm.*

142. **Country-Rock III : Lorraine and William are Sister and Brother.** *Country-Rock III : Lorraine et William sont sœur et frère,* 1989, huile sur panneau, 108 x 88 cm.

144.
At the Main Street Pub.
*Au Main Street Pub,
1989, huile sur Isorel,
102,5 x 165 cm.*
➤

143. **Country-Rock I.** *1989, huile sur Isorel, 132 x 91 cm.*

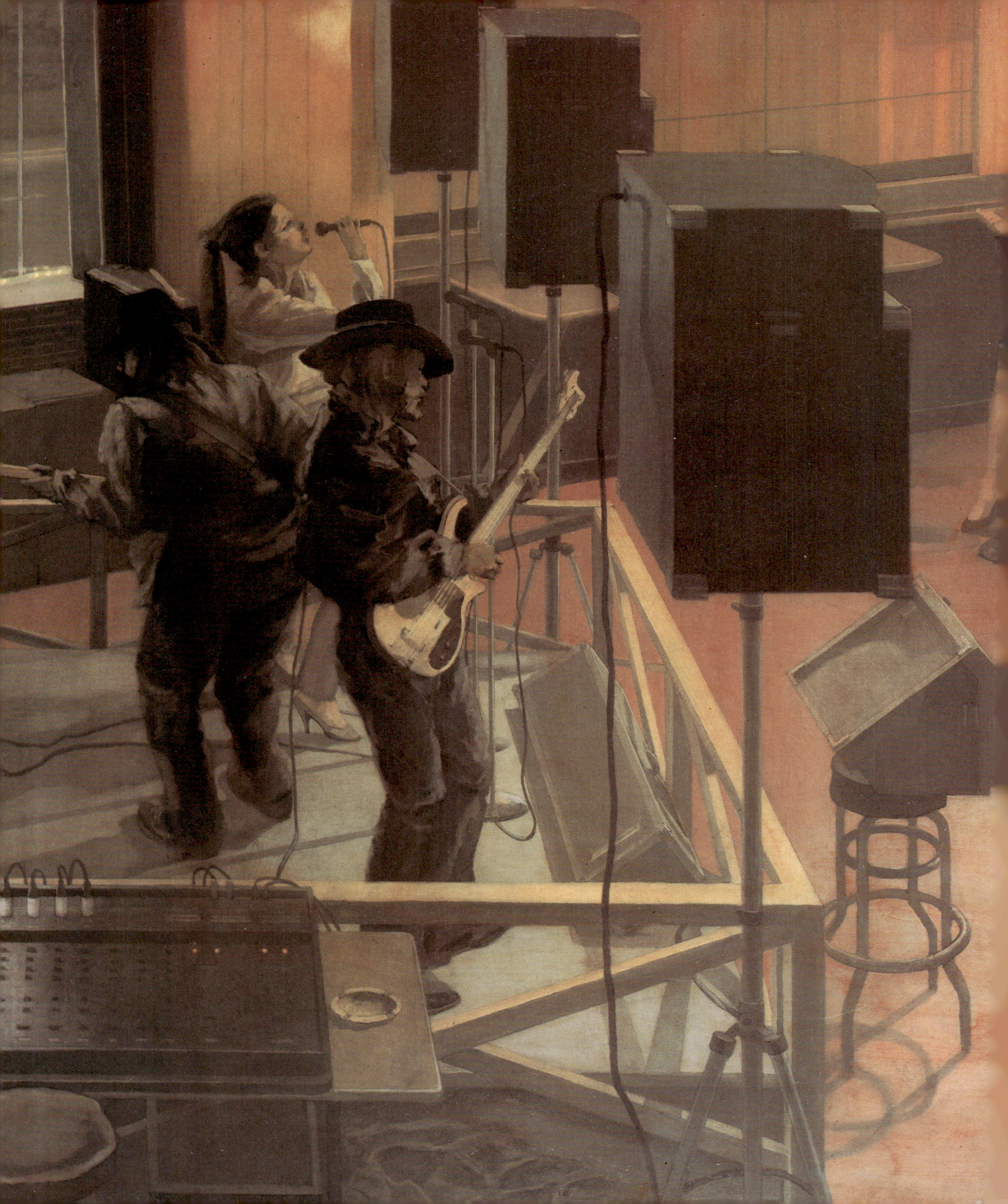

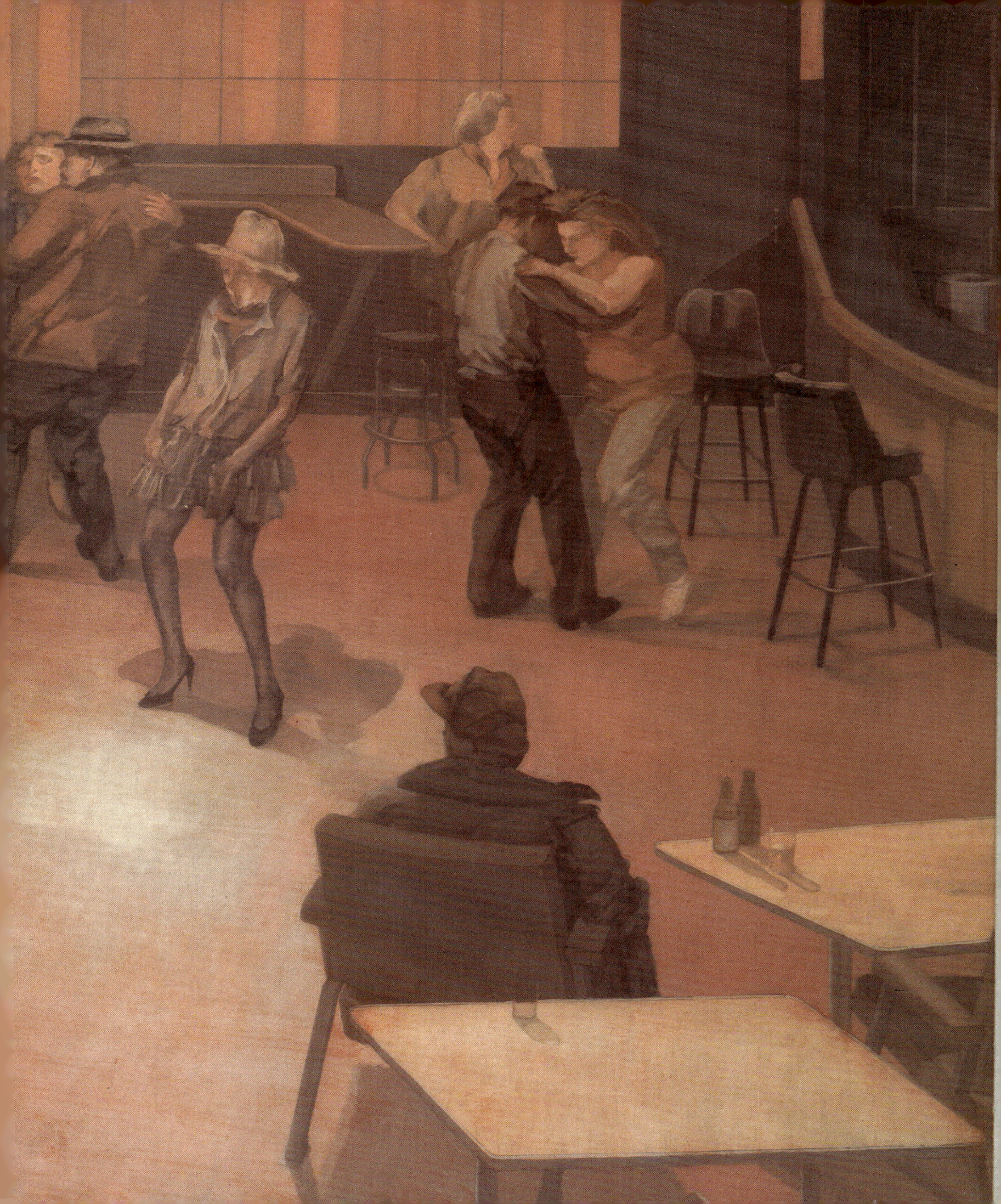

Soit mon vieux bar du coin a disparu, soit il est fermé pour cause de rénovation. La spéculation immobilière et la police ont eu raison de lui – du moins pour le moment. Il y a eu une campagne pour éliminer les prostituées et les drogués, et certaines de ces filles sont les deux à la fois. Elles venaient parfois au bar et se piquaient dans les toilettes des dames avec la même aiguille. Parfois, un souteneur entrait avec toute son écurie pour se reposer un moment et rassembler ses troupes ou pour échapper au froid, et toute l'équipe se piquait. Les descentes de police devinrent de plus en plus fréquentes et de plus en plus sérieuses : six ou sept flics plus un officier – une "casquette dorée". Ils vidaient les sacs à main des filles sur le bar : des joints, de la cocaïne dans des sacs en plastique. Mais ils n'arrêtaient pas les drogués. C'était les dealers qu'ils recherchaient. Une nuit, par inadvertance, je laissai mon cutter sur le comptoir et un flic le ramassa. Je le lui arrachai presto des mains. « Il est à moi. Je m'en sers pour tailler les crayons. Vous ne me croyez pas ? » Je vidai mes poches avant qu'il ne puisse le faire. Dix, douze, quinze crayons, rouge, jaune, bleu, vert – de toutes les couleurs – éparpillés sur le comptoir.

Lettre à Albert Loeb, juillet 1990

145.
Just Got Out.
*A peine sortie,
1990,
huile sur panneau,
87 x 63 cm.*

146.
Etude pour
Just Shot Up.
Elle vient de se piquer,
1990,
dessin aux crayons
noir et de couleur,
43 x 36 cm.

147. **Just Shot Up.** *Elle vient de se piquer, 1990, huile sur panneau, 88 x 69,5 cm.*

148.
Etude pour **Biker Girl**.
*L'amie du motard,
1990,
dessin aux crayons
noir et de couleur,
sur deux feuilles
de papier assemblées,
66 x 43 cm.*

149.
Biker Girl.
*L'amie du motard,
1990,
huile sur panneau,
88 x 62 cm.*

150.
Etude pour **Halina.**
*1990,
dessin aux crayons
noir et de couleur,
sur deux feuilles
de papier assemblées,
60 x 36 cm.*

151.
Etude pour **Around 1 A.M.**
Vers une heure du matin,
1990,
dessin aux crayons noir et de couleur,
43 x 55 cm.

152. **Halina.** *1990, huile sur panneau, 102 x 81,5 cm.*

153. **Around 1 A.M.** *Vers une heure du matin, 1990, huile sur panneau, 72 x 91 cm.*

154.
Etude pour **Maida.**
*1990,
dessin aux crayons
noir et de couleur,
68 x 58,5 cm.*

155. **Maida.** *1990, huile sur panneau, 104 x 89 cm.*

Guinan illustrateur

Le rameau d'or de James Georges Frazer

156.
Hanged Goat.
*Bouc suspendu,
1963,
encre Sumei
sur papier,
50 x 32,5 cm.*

Il évoque l'idée du bouc émissaire. Cet animal était également considéré comme une incarnation de Dionysos. Les anciens adorateurs de Dionysos dépeçaient un bouc vivant et le dévoraient cru, pensant, par là, manger le corps et le sang du dieu. Par la suite, cette idée se modifia et les boucs furent sacrifiés au dieu. On avait choisi cet animal parce qu'il avait saccagé les vignes dont les dieux prenaient un soin jaloux.

R.G.

157.
Ritual of Attis.
*Rituel d'Atys
1963,
encre Sumei et
crayon sur papier,
55 x 39 cm.*

Tiré du "Rameau d'Or" de James Georges Frazer. Dans la Rome pré-chrétienne, les prêtres novices du culte d'Atys descendaient dans une fosse et l'on blessait un taureau sur une grille au-dessus d'eux, afin que le sang leur coule dessus comme dans une sorte de baptême.

R.G.

158. **Effigy of Adonis borne to the sea.** *Effigie d'Adonis portée à la mer, 1963, encre Sumei sur papier, 52,5 x 79 cm.*

A Alexandrie, des figures d'Adonis et d'Aphrodite étaient disposées sur deux litières. A leurs côtés on arrangeait des fruits mûrs variés, des pâtisseries, des plantes en pot et des arceaux entortillés d'anis. On célébrait ainsi le mariage des amants, et, le jour suivant, la figure d'Adonis était portée par des femmes en vêtements de deuil, cheveux au vent et les seins nus, jusqu'au rivage pour y être livrée aux vagues. Cette cérémonie annuelle symbolisait le dépérissement et la régénérescence de la végétation.

R.G.

159. **Effigies of Adonis and Aphrodite.** *Effigies d'Adonis et Aphrodite, 1963, encre Sumei sur papier, 37,5 x 77,5 cm.*

J'ai perdu les volumes 5 et 6 du "Rameau d'Or". L'un d'eux raconte l'histoire de Déméter tenant un bébé au-dessus du feu pour le rendre immortel. La mère, croyant que la déesse veut faire du mal à l'enfant interrompt la cérémonie. L'enfant devient ainsi partiellement immortel, ou quelque chose d'approchant. Je ne me souviens qu'en partie de l'histoire.

R.G.

160.
Demeter Interrupted.
*Déméter interrompue,
1963,
encre Sumei sur papier,
40 x 52,5 cm.*

L'esclavage

Les cinq lithographies réalisées par Robert Guinan lors de son court séjour à Vienne en Autriche en 1972 ont été inspirées par un ouvrage publié par Harper and Row et édité par Gilbert Ososky en 1969 : *Puttin' on ole massa.* **Ce livre décrit d'une manière très détaillée, à partir de témoignages vécus, la vie des esclaves et leurs railleries à l'égard des maîtres de la plantation.**

Il réunit les récits de trois esclaves fugitifs :
Le premier, Salomon Northrup, était un homme libre vivant à New York. Lors d'un voyage à Washington D.C. (qui faisait alors partie du Sud) en 1841, il fut enlevé et vendu comme esclave. Ce n'est qu'en 1853 qu'il réussit à s'échapper et à regagner New York. Les deux autres, Henry Bibb et William Wells Brown, s'enfuirent du Sud vers 1840. Peu après, leurs récits furent publiés dans le Nord par un partisan de l'abolition de l'esclavage.

161.
Auction.
*Vente aux enchères,
1972,
lithographie originale,
50,2 x 70,2 cm.*

162. **Auction.**
*Vente aux enchères,
1972,
lithographie originale,
rehaussée de crayons
noir et de couleur,
50,2 x 70,2 cm.*

163. **Runaway Slave.** *Esclave en fuite*, 1972, lithographie originale, rehaussée de crayons noir et de couleur, *70,2 x 50,2 cm.*

164.
Punishment.
Châtiment,
1972,
lithographie originale,
rehaussée
de crayons noir
et de couleur,
52,2 x 70,2 cm.

165.
Inspection.
L'examen,
1972,
lithographie originale,
rehaussée de crayons
noir et de couleur,
50,2 x 70,2 cm.

166. **Runaway Slave.** *Esclave en fuite, 1972, lithographie originale, éditée à 300 exemplaires signés et numérotés par l'artiste (quelques épreuves rehaussées de crayons noir et de couleur, dont cette épreuve), 70,2 x 50,2 cm.*

Poèmes de Guerre de Wilfred Owen

**Né en Grande-Bretagne en 1893, Wilfred Owen avait 25 ans lorsqu'il fut tué au combat le 4 novembre 1918, quelques jours à peine avant l'armistice et après s'être conduit en héros, recevant le 4 octobre 1918 la Croix de guerre.
Il entreprend d'écrire ses poèmes de guerre dès son arrivée sur le front en janvier 1917. Voici sa préface au recueil qui fut édité pour la première fois en 1920 :**

Ce livre ne parle pas de héros. La poésie anglaise n'en est pas encore capable.
Et pas plus de hauts faits, de patrie, de gloire, d'honneur, de puissance, de majesté, de domination ou de pouvoir.
Que de guerre.
Par-dessus tout, ce n'est pas la Poésie qui m'intéresse.

Mon sujet est la guerre, la détresse de la guerre.
La Poésie est dans cette détresse.
Et pourtant ces élégies ne consoleront en aucun cas cette génération. Peut-être la prochaine.
Tout ce qu'un poète peut faire aujourd'hui c'est mettre en garde.
C'est pourquoi les vrais Poètes doivent être sincères.

Wilfred Owen

167.
Soldier's Dream.
*Le rêve du soldat,
1973,
lithographie originale,
rehaussée de crayons de couleur,
50 x 35 cm.*

Soldier's Dream

*I dreamed kind Jesus fouled the big-gun gears;
And caused a permanent stoppage in all bolts;
And buckled with a smile Mausers and Colts;
And rusted every bayonet with His tears.*

*And there were no more bombs, of ours or Theirs,
Not even an old flint-lock, nor even a pikel.
But God was vexed, and gave all power to Michael;
And when I woke he'd seen to our repairs.*

168.
The Next War.
*La prochaine guerre,
1973,
lithographie originale,
rehaussée
de crayons de couleur,
50 x 35 cm.*

The Next War

**War's a joke for me and you,
While we know such dreams are true.**
Siegfried Sassoon

*Out there, we've walked quite friendly up to Death;
Sat down and eaten with him, cool and bland,–
Pardoned his spilling mess-tins in our hand.
We've sniffed the green thick odour of his breath,–
Our eyes wept, but our courage didn't writhe.
He's spat at us with bullets and he's coughed
Shrapnel. We chorussed when he sang aloft;
We whistled while he shaved us with his scythe.*

*Oh, Death was never enemy of ours!
We laughed at him, we leagued with him, old chum.
No soldier's paid to kick against his powers.
We laughed, knowing that better men would come,
And greater wars; when each proud fighter brags
He wars on Death – for lives; not men – for flags.*

169.
The Parable of the Old Man and the Young.
La parabole du vieil homme et l'enfant,
1973,
lithographie originale,
rehaussée
de crayons de couleur,
50 x 35 cm.

The Parable of the Old Man

and the Young

So Abram rose, and clave the wood, and went,
And took the fire with him, and a knife.
And as they sojourned both of them together,
Isaac the first-born spake and said, My Father,
Behold the preparations, fire and iron,
But where the lamb for this burnt-offering?
Then Abram bound the youth with belts and straps,
And builded parapets and trenches there,
And stretched forth the knife to slay his son.
When lo! an angel called him out of heaven,
Saying, Lay not thy hand upon the lad,
Neither do anything to him. Behold,
A ram, caught in a thicket by its horns;
Offer the Ram of Pride instead of him.
But the old man would not so, but slew his son,
And half the seed of Europe, one by one.

A Terre

(Being the philosophy of many soldiers)

Sit on the bed. I'm blind, and three parts shell.
Be careful; can't shake hands now; never shall.
Both arms have mutinied against me, – brutes.
My fingers fidget like ten idle brats.

I tried to peg out soldierly, – no use!
One dies of war like any old disease.
This bandage feels like pennies on my eyes.
I have my medals? – Discs to make eyes close.
My glorious ribbons? – Ripped from my own back
In scarlet shreds. (That's for your poetry book.)

A short life and a merry one, my buck!
We used to say we'd hate to live dead-old, –
Yet now… I'd willingly be puffy, bald,
And patriotic. Buffers catch from boys
At least the jokes hurled at them. I suppose
Little I'd ever teach a son, but hitting,
Shooting, war, hunting, all the arts of hurting.
Well, that's what I learnt, – that, and making money.

Your fifty years ahead seem none too many?
Tell me how long I've got? God! For one year
To help myself to nothing more than air!
One Spring! Is one too good to spare, too long?
Spring wind would work its own way to my lung,
And grow me legs as quick as lilac-shoots.

My servant's lamed, but listen how he shouts!
When I'm lugged out, he'll still be good for that.
Here in this mummy-case, you know, I've thought
How well I might have swept his floors for ever.
I'd ask no nights off when the bustle's over,
Enjoying so the dirt. Who's prejudiced
Against a grimed hand when his own's quite dust,
Less live than specks that in the sun-shafts turn,
Less warm than dust that mixes with arms' tan?
I'd love to be a sweep, now, black as Town,
Yes, or a muckman. Must I be his load?

O Life, Life, let me breathe, – a dug-out rat!
Not worse than ours the existences rats lead –
Nosing along at night down some safe rut,
They find a shell-proof home before they rot.
Dead men may envy living mites in cheese,
Or good germs even. Microbes have their joys,
And subdivide, and never come to death.
Certainly flowers have the easiest time on earth.
"I shall be one with nature, herb, and stone",
Shelley would tell me. Shelley would be stunned:
The dullest Tommy hugs that fancy now.
"Pushing up daisies" is their creed, you know.
To grain, then, go my fat, to buds my sap,
For all the usefulness there is in soap.
D'you think the Boche will ever stew man-soup?
Some day, no doubt, if…

Friend, be very sure
I shall be better off with plants that share
More peaceably the meadow and the shower.
Soft rains will touch me, – as they could touch once,
And nothing but the sun shall make me ware.
Your guns may crash around me. I'll not hear;
Or, if I wince, I shall not know I wince.
Don't take my soul's poor comfort for your jest.
Soldiers may grow a soul when turned to fronds,
But here the thing's best left at home with friends.

My soul's a little grief, grappling your chest,
To climb your throat on sobs; easily chased
On other sighs and wiped by fresher winds.

Carry my crying spirit till it's weaned
To do without what blood remained these wounds.

170.
A Terre.
*1973,
lithographie originale,
rehaussée
de crayons de couleur,
50 x 35 cm.*

171.
Asleep.
*Endormi,
1973,
lithographie originale,
rehaussée
de crayons de couleur,
50 x 35 cm.*

Asleep

*Under his helmet, up against his pack,
After the many days of work and waking,
Sleep took him by the brow and laid him back.
And in the happy no-time of his sleeping,
Death took him by the heart. There was a quaking
Of the aborted life within him leaping...
Then chest and sleepy arms once more fell slack.
And soon the slow, stray blood came creeping
From the intrusive lead, like ants on track.*

*Whether his deeper sleep lie shaded by the shaking
Of great wings, and the thoughts that hung the stars,
High pillowed on calm pillows of God's making
Above these clouds, these rains, these sleets of lead,
And these winds' scimitars;
– Or whether yet his thin and sodden head
Confuses more and more with the low mould,
His hair being one with the grey grass
And finished fields of autumns that are old...
Who knows? Who hopes? Who troubles? Let it pass!
He sleeps. He sleeps less tremulous, less cold
Than we who must awake, and waking, say Alas!*

172.
The Last Laugh.
*Le dernier rire,
1973,
lithographie originale,
rehaussée de
crayons de couleur,
50 x 35 cm.*

The Last Laugh

*'O Jesus Christ! I'm hit', he said; and died.
Whether he vainly cursed, or prayed indeed,
The Bullets chirped – In vain! vain! vain!
Machine-guns chuckled, – Tut-tut! Tut-tut!
And the Big Gun guffawed.*

*Another sighed, – 'O Mother, mother! Dad!'
Then smiled, at nothing, childlike, being dead.
And the lofty Shrapnel-cloud
Leisurely gestured, – Fool!
And the falling splinters tittered.*

*'My Love!' one moaned. Love-languid seemed his mood
Till, slowly lowered, his whole face kissed the mud.
And the Bayonets' long teeth grinned;
Rabbles of Shells hooted and groaned;
And the Gas hissed.*

173.
He Died Smiling.
*Mort en souriant,
1973,
lithographie originale,
rehaussée de
crayons de couleur,
50 x 35 cm.*

He Died Smiling

*Patting goodbye, his father said, "My lad,
You'll always show the Hun a brave man's face.
I'd rather you were dead than in disgrace.
We're proud to see you going, Jim, we're glad."*

*His mother whimpered, "Jim, my boy, I frets
Until ye git a nice safe wound, I do."
His sisters said: why couldn't they go too.
His brothers said they'd send him cigarettes.*

*For three years, once a week, they wrote the same,
Adding, "We hope you use the Y. M. Hut."
And once a day came twenty Navy Cut.
And once an hour a bullet missed its aim.*

*And misses teased the hunger of his brain.
His eyes grew scorched with wincing, and his hand
Reckless with ague. Courage leaked, like sand
From sandbags that have stood three years of rain.*

ROBERT STEWART GUINAN
"Bob"

Most talented Senior . . . artist . . . singer . . . actor . . . look to Bob for a brilliant performance . . . His "uke" at noon sessions and his distinctive decorations will long be remembered.
Sodality 4, 3, 2; Missions 4, 3; Art Editor "Echo" 3; Dramatics 4; Book Week Program 4; Freedom Crusade 4.

"Bob"
à l'Immaculate Heart Academy
de Watertown, N.Y.,
en 1951.

Robert avec la famille de son père.
En haut, à droite : ses parents.
Vers 1938.

ENTERTAINMENT
BY THE
**"STEWART"
FAMILY**
Scotch Entertainers
Musicians and Dancers
AT
GROTON THEATRE
GROTON, N. Y.
Friday Eve, May 11, 1923
AT 8:15 P. M.
Auspices of Groton Lodge No. 372 I. O. O. F.

Accompanist - - Mrs. James Stewart

Programme d'un spectacle
donné par la famille Stewart
à Groton, N.Y.,
en 1923.

James Stewart, immigrant écossais,
avec deux de ses filles
(dont la mère de Robert Guinan).

260

Biographie

"Bobbie"
à l'âge de 4 ans.

Bob Guinan montre à ses camarades
de classe d'anglais
son illustration de
"La rencontre de Macduff et Macbeth".
Watertown, 1951.

Guinan en costume militaire écossais.
Immaculate Heart Academy
de Watertown, N.Y.,
1951.

Son père est le plus jeune des deux fils d'Emma Deno, Québecquoise d'origine française, et de John W. Guinan, d'origine irlandaise.

Sa mère est la deuxième des cinq enfants d'Esther Marcellus et de James Stewart. D'origine française, Esther Marcellus est, comme sa mère avant elle, professeur de piano à New York quand elle rencontre en 1900 James Stewart, immigrant écossais tailleur de son métier, venu prendre des cours de chant. A Watertown, petite ville du nord de l'Etat de New York où le couple s'installe, James Stewart se fait une certaine réputation de chanteur amateur d'airs de music-hall écossais. Les trois filles aînées, à qui leur mère a donné une formation musicale, sont du spectacle : danses et chants écossais en costumes traditionnels.

L'ascendance de Robert Guinan est un exemple typique du melting-pot américain. Les différences ethniques n'ont plus qu'une importance résiduelle mais l'endogamie continue de se pratiquer à l'intérieur d'une des trois principales confessions : protestante, catholique, juive. D'origine écossaise, irlandaise ou française, ses grands-parents étaient tous catholiques.

A cause de la dépression économique, la famille se trouve dans une situation difficile quand Robert naît le 14 mars 1934. Cette année-là, son père perd son emploi au bureau des ingénieurs du New York Central Railroad (chemins de fer de l'Etat de New York) et la famille s'installe pendant quelques mois chez les grands-parents paternels de Robert. Par la suite, durant des années, Robert et parfois sa sœur Patricia Marie, née en octobre 1937, y passeront leurs dimanches après-midi. La maison était vaste, confortable, un peu sombre et Robert consacrait presque tout son temps à dessiner sur le motif des petits jouets extrêmement réalistes représentant des animaux de ferme.

En 1940, il entre à la Holy Family School de Watertown, école paroissiale dont le mérite principal aux yeux de ses parents est de dispenser une bonne éducation. Il retrouve dans cette demeure du XIXe siècle l'atmosphère de la maison de ses grands-parents. Le jeune Guinan, enfant de chœur à l'église, suit avec sérieux le catéchisme et se prépare avec conviction à la première communion et à la confirmation. La présence des nonnes confère gravité et autorité morale à cette instruction religieuse. A partir de 1949, il poursuit ses études à l'Immaculate Heart Academy, école secondaire dont l'atmosphère lui rappelle l'école primaire. Il fait sombre à l'intérieur, il y a des planchers en chêne, de vieilles nonnes à la retraite, des statues très réalistes, des pensionnaires et des orphelins.

En 1947, Guinan, élève de quatrième, remporte un prix de dessin. Sa mère décide alors de l'inscrire au cours du soir de Mary Morley qu'il suivra pendant trois ans, à raison d'une fois par semaine. Connue pour ses représentations des étables rouges, caractéristiques du paysage au nord de l'Etat de New York, Mary Morley doit sa réputation à sa mention annuelle dans le *Who's Who* de l'art américain. Alors qu'il aime par-dessus tout copier les illustrations des revues d'histoire qu'achète son père, Mary Morley, pour lui inculquer les rudiments de la composition,

A Tripoli, en 1956.

A Tripoli, en 1955.

A Tripoli, en 1955.

l'oblige à peindre des natures mortes d'après nature. Ce qui n'empêche pas Guinan de rêver d'aventures héroïques, de ces scènes de bataille qu'illustrait Herbert Morton Stoops dans les années 40 pour le *Blue Book Magazine* et qu'il aimait copier le plus scrupuleusement possible. Mais lorsqu'il présente en 1950 sa troisième exposition individuelle à la bibliothèque Roswell P. Flower Memorial de Watertown, la technique de ses tableaux d'histoire est plus complexe. *La bataille d'Alésia*, *Bastogne* et *Les guérillas* – qui évoque les luttes nationalistes en Chine – procèdent de dessins d'après nature et d'éléments documentaires tirés de photographies. *Poursuite*, un lapin tente en vain d'échapper à un aigle férocement décidé, et *Soulagement*, scène de soupe populaire, sont les premiers exemples de sa propension à choisir des victimes pour sujets. L'article du *Watertown Daily Times* qui donne un compte rendu détaillé des onze tableaux est très élogieux : « *La qualité de la composition, de l'emploi des couleurs et de la technique de la brosse, lui prédit un avenir prometteur dans le domaine de l'art. Il ne se contente pas de maîtriser parfaitement la composition et le choix des couleurs. Il manifeste aussi un talent exceptionnel pour rendre l'action dans les moments de grande intensité et pour saisir l'expression des visages qui traduisent avec précision l'humeur et les pensées du modèle.* »

En 1951, Guinan termine ses études secondaires. Il travaille pendant quelques mois avec son père qui possède une entreprise de vente de portes de garage puis il trouve un emploi de prothésiste dans un laboratoire dentaire à Rochester. A la différence de l'univers rural de Watertown, Rochester est une grande ville industrielle au nord de l'Etat de New York, où il peut pour la première fois côtoyer la communauté noire. A défaut d'entrer dans les bars animés du quartier noir (ce qui n'est pas pensable dans les années 50), il peut fréquenter les autres où ses dix-huit ans l'autorisent à commander une bière.
Comme son modèle Toulouse-Lautrec dont il vient de voir une vie romancée au cinéma, *Moulin-Rouge*, il emporte avec lui crayon et papier pour croquer, au *Green Mill*, prostituées et habitués au bout du rouleau.

En 1953, il s'enrôle dans les forces aériennes et rejoint sa première base à proximité de La Nouvelle-Orléans. Il y découvre l'histoire du jazz, genre qui, pour être distinct du reste de la musique américaine et cantonné au rayon ethnique, lui est peu familier. Il profite de ses heures de loisirs pour se plonger dans les livres d'art. Il est ensuite envoyé en Lybie et de là en Turquie. Opérateur-radio, il dispose de beaucoup de temps libre qu'il passe à photographier des scènes de rue, à dessiner les hommes dans les cafés et les femmes dans les bordels encore à la manière de Toulouse-Lautrec. Le spectacle des grandes villes de l'Orient, à moitié démolies et en cours de modernisation, dont les rues offrent la vision d'un monde d'une autre époque, si différentes des petites villes pimpantes de son enfance, le fascine. A Istanbul, il admire les fresques byzantines dont il apprécie la frontalité hiératique.

A son retour aux Etats-Unis à l'automne 1957, il retrouve un camarade d'armée, Billy Frank Nelson. Ils reçoivent de l'école secondaire Riverside Junior de Fort Worth, près de Dallas, une commande pour un mural. Ensemble, ils définissent le programme iconographique qui évoque l'évolution parallèle de l'écriture et de la technologie. Finalement, Guinan exécute seul les 11 mètres de fresque qui seront détruits dans les années 70. En raison de la récession économique qui frappe l'Amérique, il ne trouve pas de travail. Il consacre tout son temps à la peinture. En 1958 et 1959, il participe à trois expositions consacrées aux artistes de l'état de New York. Il y présente des tableaux exécutés d'après des photographies prises au Proche-Orient ou inspirées des scènes de la vie quotidienne. Il désire maintenant se confronter à d'autres artistes, participer à la vie d'un centre artistique.

Aussi s'inscrit-il, en septembre 1959, à l'Art Institute de Chicago. Il a 25 ans. Il a déjà exposé. Ses camarades de promotion ont 17-18 ans. L'atmosphère de cénacle, les discussions sur l'art ne l'intéressent pas beaucoup mais l'enseignement de l'Art Institute lui convient : cours d'histoire de l'art, cours d'anatomie et un autre de peinture d'après nature. Pendant une semaine, le modèle tient la pose mais Guinan, comme les autres, est encouragé par le professeur à travailler dans le style de l'expressionnisme abstrait alors à la mode, plutôt que de faire des études réalistes. Parallèlement, il s'initie à la lithographie qui lui permet, en développant des séries thématiques, de maintenir un sujet que les effets de matière ont tendance à faire disparaître. Ses premières lithographies de 1964 illustrent des poèmes de Cavafy et une scène de *Notre-Dame des Fleurs* de Jean Genet. Dans le même temps, il entreprend quelques lectures décisives qui vont lui rappeler l'enseignement religieux reçu dans son enfance. Les nombreux exemples de sacrifices rituels dans le *Rameau d'Or* de Frazer lui inspirent, en 1963, une série de dessins. La même année, il lit toute l'œuvre de Genet et l'étude de Jean-Paul Sartre *Saint Genet, comédien et martyr*. Ces lectures lui fournissent de nouveaux sujets et surtout elles lui permettent d'approfondir les principes de la foi et de la morale catholique : valeur sanctificatrice du sacrifice fût-il héroïque ou ignominieux, rédemption par la souffrance.

Guinan se lie d'amitié avec Scott Elliott, un camarade de première année, qui ne tarde pas à quitter l'Art Institute pour devenir marchand de tableaux à New York. A l'école secondaire, Elliott collectionnait les vieux disques de jazz ; il racontait à Robert l'histoire du jazz et l'emmenait au marché aux puces de Maxwell Street, ancien quartier juif. Là, Robert dénicha de vieilles revues avec des photos dont il se servit pour sa série sur la Première Guerre mondiale. Les deux hommes restèrent amis et, en 1962, lors d'un périple dans une section de North Clark Street animée de bars avec de la musique, il rencontre le pianiste Emile Breda. Emile fait pénétrer Robert plus profondément dans la vie nocturne des bas-fonds de Chicago et lui présente Mary Turner. Durant plusieurs années, Mary et Emile seront ses modèles préférés. En 1961, Scott lui obtient sa première exposition à Chicago chez un antiquaire, *The Little Shop around the Corner*. Guinan présente vingt-cinq tableaux qu'à l'exception de deux il détruira par la suite comme la plupart des œuvres de cette période. A cette époque, il rencontre puis épouse une camarade de l'Art Institute, Mary Beth Junge. Un fils, Paul, naît en 1962.

"Sing Along with Emile" : Emile au Dream House Bar. Chicago, 1966.

Mary Turner, 1990.

Guinan est diplômé de l'Art Institute en 1963, et, pendant les quatre années suivantes, il enseigne le dessin dans des écoles secondaires. En 1965, il se détourne partiellement de la peinture pure. *L'Hommage à Genet* est le premier de ses tableaux-objets. Il en emprunte le format aux deux gravures de William Hogarth, *Analyse de la beauté*, où une bordure comporte des prolongements anecdotiques à la scène centrale. La technique du collage reste importante dans la série sur la Première Guerre mondiale qui commence avec le *Portrait d'Enver Pasha* de 1966 et s'achève sur *L'assassinat de l'archiduc Franz Ferdinand* en 1972. Son goût pour les matières, auquel il peut donner libre cours dans le collage, n'est pas sans relation avec le plaisir que lui procurait enfant l'atmosphère de la maison de ses grands-parents et de ses écoles : la bonne odeur et l'aspect réconfortant du bois omniprésent, la qualité des étoffes épaisses et lourdes, la belle argenterie massive et les putti en stuc au plafond de sa classe de sixième où le huitième président des Etats-Unis, Martin Van Buren, avait dansé en 1840.

En 1965, il participe à une exposition de groupe à l'Illinois Institute of Technology, exposition de compensation pour ceux qui ont été refusés à la manifestation annuelle de l'Art Institute : "Chicago and Vicinity Art Show". Les figures nues du Christ et de la Vierge qui ornent son *Autel-flipper* où l'on gagne des points pour le paradis à coups de prothèses dentaires et d'yeux en verre soulèvent des protestations. Il préfère le retirer avant qu'il ne soit vandalisé.

Guinan suit en 1967 un cours sur la photographie à l'Art Institute. Il considère moins ses clichés de pierres tombales, natures mortes ou façades comme des œuvres définitives que comme un matériau pour ses collages.

En 1968, Guinan partage avec Ed Paschke, Edward Flood, Sarah Canright et Richard Wetzel l'affiche de l'exposition "The Nonplussed Some", organisée par Don Baum, sculpteur de la veine pop, qui dirige le Centre d'art d'Hyde Park, à proximité de l'université de Chicago. Après les deux premières éditions des Hairy Who qui réunissaient Gladys Nilsson, James Nutt, Art Green, James Falconer, Suellen Rocca et Karl Wirsum, les "Nonplussed some" est la troisième des sept expositions qui vont imposer la génération des pop de Chicago, regroupés plus tard par le critique Franz Schultze sous le vocable des *imagistes*. Don Baum sait créer l'événement. Il donne aux groupes des noms amusants, transforme les expositions en spectacles. Tout doit être fou, drôle et spirituel. Franz Schultze approuve l'exposition et écrit dans le *Chicago Daily News* : « Il y a rarement eu un ensemble plus sincèrement et indéniablement Chicagoïd que ce quintet de peintres de moins de 30 ans. Ils sont vivants, sans détour, audacieux et, comme d'habitude, prometteurs – dans la meilleure vieille tradition de Chicago, pour ne pas mentionner le centre d'art d'Hyde Park. »

Le journaliste du *Chicago Sun-Times*, quant à lui, retient surtout les œuvres de Paschke et les tableaux-collages de Guinan sur la guerre de 1914-1918.

La même année, il rencontre une jeune femme suédoise, Birthe Svensson. "Bee" est arrivée à l'âge de quatorze ans aux Etats-Unis où ses parents venaient rejoindre des cousins en tournée avec leur cirque. Robert et Bee se marieront et auront deux fils, Sean et David.

Affiche de l'exposition
des "Nonplussed Some".
Chicago,
1968.

Mais l'année suivante, Guinan ne renouvelle pas sa participation à l'exposition des "Nonplussed Some-Some More" qui fusionneront en 1970 avec les Hairy Who pour l'exposition "Marriage Chicago Style". L'aventure collective a été de courte durée. Il préfère exposer seul au Centre d'art d'Evanston, dans la banlieue nord. Le *Retable aux neuf saints* de 1965, dont les scènes sont reprises d'une iconographie des saints du XIXe siècle, les scènes du marché aux puces, *Prophète sur Maxwell Street* de 1966 et *Sister Carrie Robbins* de 1968, les séries de lithographies de 1967 sur les saints ou sur la confirmation d'une jeune esclave relèvent tous, quel que soit le point de départ (photographie ancienne, hagiographie ou scène de la rue), d'une réflexion religieuse. Cette préoccupation paraît si incongrue que le critique de la revue *Artscene* écrit, à propos des scènes du Retable : « *Vous pouvez les lire comme un pamphlet contre l'Eglise si l'envie vous en prend mais quelques peurs profondément enracinées que Guinan ait retenues de son enfance, l'amertume a disparu. Nous avons à la place la vision indulgente d'un artiste sur la superstition de ses semblables.* »

Pendant l'année universitaire 1969-1970, Robert enseigne au département d'histoire de l'art de l'Art Institute of Chicago les sujets de son choix : l'histoire de l'Empire byzantin et la caricature. Il trouve par la suite un poste de professeur dans un centre d'art.

Alors qu'il commence à être reconnu, Scott Eliott lui présente, en 1970, Georges Mc Guire, marchand américain installé à Vienne, qui lui achète les huit tableaux qu'il n'a pas encore détruits. En 1972, Mc Guire expose dans sa galerie Ariadne la série sur la Première Guerre mondiale et des lithographies. Les Autrichiens découvrent non sans étonnement une page de leur histoire illustrée par un artiste américain. Parallèlement, à la Foire de Bâle, Mc Guire présente, à côté d'œuvres de Karl Korab, Arnulf Rainer et Ernst Fuchs, trois tableaux de Guinan. Le *Portrait d'Emile* de 1970 et le *Portrait de Sister Carrie Robins* de 1972 diffèrent sensiblement de *Maxwell Street se meurt* de 1969. La peinture rapide, expressionniste, a laissé la place au plus grand réalisme. L'usage du papier de soie qui détoure les objets et ajoute aux effets de matière est une discrète réminiscence des collages antérieurs. Il ne détourne pas l'attention de la représentation réaliste du sujet pour laquelle Guinan révèle une neuve et remarquable maîtrise d'exécution. Le succès est immédiat. Hilton Kramer du *New York Times* s'en étonne : « *Monsieur Guinan expose de grandes peintures réalistes de Noirs (l'artiste est lui-même un blanc de 38 ans qui enseigne dans un centre d'art à Chicago). A la Kunstmesse, ce week-end, il s'est tout de suite vu offrir une exposition à Paris par Albert Loeb, et un marchand new-yorkais qui espérait organiser une exposition a découvert qu'il n'y avait pas de tableaux disponibles : la galerie Ariadne avait acheté tout le contenu de l'atelier de l'artiste. Que la peinture de Monsieur Guinan vaille une aussi vive attention est une autre question. Il frappe le spectateur comme un artiste au talent décidément limité qui fait d'abord impression par des sujets dramatiques et du moment.* »

Ces portraits de Noirs lui valent sa première critique défavorable et aussi la dernière dans la presse américaine. Mc Guire et Albert Loeb décident de partager le contrat. Au bout de six mois, Mc Guire cessant ses versements, Albert Loeb et Guinan signent le 1er janvier 1973 leur premier contrat au Sacher Hôtel à Vienne. Commence alors la relation du couple marchand-artiste, passionnée et exclusive. Guinan profite d'un séjour de cinq semaines à Vienne pour refaire, à la demande de Mc Guire, des lithographies : séries sur l'esclavage et sur la guerre de 1914-1918, d'après les poèmes du jeune auteur anglais, Wilfred Owen, tué le jour de l'armistice.

Guinan avec sa femme et ses fils ;
de gauche à droite : Paul, David, Robert, Bee et Sean.
Chicago, 1978.

Sa première exposition au printemps 1973 à la Galerie Albert Loeb est favorablement accueillie par la presse et le public parisien. Aux trois tableaux déjà présentés à la Foire de Bâle s'ajoute *Intérieur Viennois* de 1972 que le Fonds national d'art contemporain achète tout de suite. La deuxième exposition, en 1974, est plus étoffée : portraits et façades à Vienne ou à Chicago. La technique ne change pas : peinture acrylique et collage de papier de soie sur panneau Isorel. William Liebermann achète pour le cabinet des dessins et estampes du Museum of Modern Art de New York, dont il est le conservateur, un dessin important aux crayons noir et de couleur, le *Portrait d'Emile Breda* de 1973. Venu à Paris pour la première fois à l'occasion de son exposition, Guinan exécute pendant son séjour parisien plusieurs dessins dont une vitrine d'un magasin de chemises rue de Rivoli.

Plusieurs tableaux récents et des œuvres de jeunesse disparaissent dans l'incendie de son atelier en 1975.

1976 est riche d'événements. L'année commence avec une exposition de dessins à la Galerie Loeb. Pour la douzième édition de son exposition annuelle "Les Chemins de la Création", au château d'Ancy-le-Franc dans l'Yonne, Louis Deledicq lui consacre une des trois expositions monographiques. Les deux autres présentent Hans Bellmer et Roël d'Haese, à côté d'un accrochage de groupe qui réunit des figures aussi différentes que Botero et Kalinowski, Lopez-Garcia et Tanning, Mason et Szafran... La presse est unanime. Pour Jean-Jacques Lévêque du *Quotidien de Paris* : « *La vedette est Robert Guinan. C'est une figuration sans complaisance. Silences, attentes, présences s'ordonnent dans l'espace d'une banalité qui bascule souvent dans le fantastique.* »

Pour Jean Déroudille de la *Dépêche Lyonnaise* : « *La "découverte" de l'exposition, le "clou" indiscutable de ces "chemins" glorieux est à n'en pas douter le travail singulier du peintre américain Robert Guinan.* » Et pour le journaliste du *Dauphiné Libéré*, « *L'œuvre de Robert Guinan rejoint par sa force silencieuse toutes les grandes créations de l'histoire de l'art.* »

Marie-Claude Morette, chef du bureau des achats du Fonds national d'art contemporain, signe dans le catalogue le premier texte conséquent qui fixe la légende d'un Robert Guinan, apôtre des opprimés.

Après l'exposition à la Galerie Le Lutrin de Lyon, à l'automne 1976, le musée des Beaux-Arts de la ville acquiert le *Portrait de Nellie Breda* de 1973.

Guinan est du nombre des 18 figuratifs « *laissés pour compte de la modernité* » que réunit Jean Clair, conservateur au Musée national d'art moderne, dans l'exposition-manifeste de la "Nouvelle Subjectivité", rue Berryer à Paris, reprise l'année suivante au palais des Beaux-Arts de Bruxelles. Jean Clair oppose aux « *tenants de la peinture "minimale" et du photoréalisme, aux attardés du Pop Art et aux partisans de l'anti-art* » des peintres isolés « *contraints de réapprendre un métier en l'absence de tout enseignement et de tout maître* ». Contestée par une partie de la presse, cette exposition contribue néanmoins à asseoir la position d'Arikha, John Benett, Samuel Buri, Brigitte Courme, Lopez-Garcia, Sam Szafran, Ivan Theimer... et Guinan.

Dans sa quatrième exposition personnelle fin 1977 - début 1978, Albert Loeb présente avec huit tableaux trois années de travail : portraits de personnes et aussi, serait-on tenté de dire, de lieux (maisons ou bric-à-brac d'un magasin d'antiquités) et, pour la première fois depuis les années soixante, une scène de bar,

A Dublin,
en 1975,
avec Scott Elliott.

Chicago,
1970.

266

Au Bohemian Club Bar de 1977, achetée par le Fonds national d'art contemporain. Depuis 1973, Guinan, qui n'enseigne plus, s'est peu à peu retiré de la scène de l'art à Chicago. Albert Loeb lui rend visite chaque année. Il est devenu son unique interlocuteur, pratiquement la seule personne admise dans l'atelier et dont l'avis compte. Sa préface au catalogue de 1977 reflète cette intimité partagée. Les textes et les photographies de Guinan en famille, avec ses modèles, sur les lieux qu'il a peints, tentent d'évoquer son univers. En 1977, Guinan séjourne deux mois à Paris. Il fait un nouvel essai lithographique qui le laisse une fois de plus insatisfait.

Pour les "Ateliers Aujourd'hui", du 13 décembre 1978 au 22 janvier 1979 aux galeries Contemporaines du Centre Pompidou, Germain Viatte choisit dans les collections nationales des artistes qui répondent à la définition donnée par Jean Clair de la Nouvelle Subjectivité. Guinan est représenté par le tableau *Intérieur viennois*.

Pour l'exposition à la Galerie Albert Loeb de 1979, Jean Clair traduit dans le beau texte littéraire du catalogue le climat nocturne des dernières œuvres : scènes de bar et paysages urbains. Toujours en 1979, Giovanni Rimoldi organise une exposition personnelle de Guinan dans sa galerie Documenta, à Turin.

En 1980, Scott Elliott présente à Guinan un marchand d'estampes et de photographies anciennes de Washington, Harry Lunn, avec lequel il est en relations d'affaires. Albert Loeb et Harry Lunn s'entendent pour partager le contrat et envisagent une exposition dans un proche avenir à Washington. La première année écoulée, la production de Guinan lui paraissant insuffisante (trois peintures et quelques dessins), Harry Lunn abandonne le projet.

Le début de la décennie 1980 est marqué par le retour de la peinture figurative dont la vague entraîne dans son sillage les représentants de la Nouvelle Subjectivité. Pour Guinan, 1981-1982 sont des années de reconnaissance officielle. Pierre Gaudibert, conservateur en chef du musée de Peinture et de Sculpture de Grenoble, qui vient d'acheter *Anita au Victor Hôtel* de 1979, organise une vaste rétrospective de 1965 à 1981 soit 50 tableaux, 49 dessins et 18 lithographies. Jean Coquelet reprend l'exposition au musée d'Ixelles à Bruxelles. La presse belge qui couvre largement l'événement lui réserve un accueil enthousiaste et sensible. Pour le journaliste de *Pan* : « *Cette Anita est devenue la sœur de la "Maja desnuda" ou de l'"Olympia" de Manet. Avec même ce quelque chose de moins recherché dans la pose qui la rend plus émouvante. Pas objet de désir, objet de contemplation. Cette rétrospective serait l'événement trop peu souligné de 1982 que je n'en serais pas étonné !* ».

Il expose encore en Belgique, à la galerie Lens Fine Art d'Anvers en 1982.

Invité par le critique d'art italien Luigi Carluccio, directeur de la Biennale de Venise 1982, Guinan est représenté par cinq tableaux et cinq dessins à l'exposition du Pavillon International, "l'Art comme l'Art, la Persistance de l'œuvre". La presse américaine accueille très mal une exposition placée sous le signe de l'Europe, 6 Américains pour 31 Européens dont 11 appartiennent à la dite défunte Ecole de Paris. Pour le journaliste d'*Artforum* : « *C'est le pavillon central qui donne le ton à la Biennale, tranchant à vif dans la polémique et désignant ou résumant une orientation sur la scène contemporaine. Quoi qu'il en soit*

Marie-Claude Morette-Maillant au vernissage
de l'exposition Robert Guinan
au musée de Peinture et de Sculpture de Grenoble.
Juin 1981.

Avec Albert Loeb. Chicago, 1978.

Avec Margaret Danner.
Chicago, 1978

Paul Gauzit et Pierre Gaudibert
au vernissage de l'exposition
Robert Guinan
au musée de Peinture et de Sculpture de Grenoble.
Juin 1981.

Alvin Ray
et Richard Grupp.
Chicago, 1978.

Guinan avec sa femme et ses fils ;
de gauche à droite :
Sean, David, Robert, Bee et Paul.
Chicago, 1990.

Emile,
Guinan
et Géraldine.
Chicago, 1984.

Paris, 1990
De gauche à droite :
Sonia Verrier,
Agnès de Maistre,
Paul Guinan,
Axel Cassel,
Albert Loeb,
Robert Guinan,
Malgorzata Paszko

Géraldine
et
Robert
Guinan
Chicago
1989

l'exposition de cette année, conçue par Luigi Carluccio et développée par un jury international, diffère des précédentes entrées, à la fois par une esthétique réactionnaire qui contraste avec l'engagement habituel de la Biennale du côté de l'avant-garde et par ses motifs rétrogrades qui sont moralistes et correcteurs de nature. Visuellement parlant, le pavillon est un cauchemar de figuration, un amalgame de travaux hétérogènes digne d'un entrepôt, essentiellement réaliste de conviction et marqué dans son ensemble par des états émotionnels dégoulinants. »

La violence du jugement a de quoi surprendre s'appliquant à des œuvres aussi reconnues que celles de Martial Raysse, Riopelle ou Tàpies ou à des artistes acceptés sans trop de mal outre-Atlantique comme Lucian Freud, Ronald Kitaj, François Rouan, Raymond Mason, Ubac, Cuevas, Petlin, Poussette d'Art ou encore à des peintres dont l'expressionnisme collait assez bien à l'avant-garde du moment, Auerbach, Hrdlicka, Marwan.

Le marché et les institutions ne voulant finalement retenir du retour à la peinture que les figurations expressionnistes, matiéristes ou pop, dérivées des années 60, Guinan va connaître une deuxième moitié de décennie plus calme. Ce qui n'empêche pas Albert Loeb de l'exposer régulièrement et de le vendre tout aussi régulièrement à des amateurs qui se soucient plus de satisfaire leur goût que de reconnaissance médiatique ou institutionnelle.

En 1984, Guinan participe à "Souvenirs d'un Musée à la campagne": en 95 artistes, Louis Deledicq retrace "Les Chemins de la Création" d'Ancy-le-Franc. Toujours la même année, il figure dans l'exposition "L'Image et son Double, recherche de la peinture internationale contemporaine sur la réalité physique et métaphysique" qui parcourt l'Italie. Des collectionneurs américains, Sophie et Boris Leavitt, laissent en dépôt à la National Gallery of Art de Washington le tableau de 1968, *L'intrus*. Mais c'est William Liebermann, conservateur en chef du département d'art du XXᵉ siècle au Metropolitan Museum of Art de New York qui en accepte la donation.

Albert Loeb a quitté sa galerie du 10, rue des Beaux-Arts pour un plus grand espace au 12. En 1985, il peut montrer un ensemble de 17 tableaux de 1979 à 1984 qui marquent une évolution des sujets et de la technique. *Souvenir du J.N.L.* de 1981 est pour la première fois, depuis les années 1960, une peinture à l'huile sur toile. Pour les scènes de rue et de métro, par définition furtives, Guinan préfère à l'acrylique trop sec le médium plus épais et gras de l'huile. Parallèlement, à partir de 1982, les sujets se détendent. A l'attente des prostituées noires dans des bars sombres succèdent des tableaux de genre plus heureux : un cours de danse, un bain de minuit de ses fils Sean et David dans le lac Michigan, une jeune femme appuyée sur le capot d'une voiture rouge, les scènes familières du métro.

En 1986 et 1987, Albert Loeb le présente successivement à la Foire internationale d'art contemporain de Paris (FIAC 86) et de Bâle (ART '87).

En 1988, une exposition rétrospective des dessins de 1972 et 1987 à la Galerie Loeb permet de saisir la complexité et la diversité d'une technique qui est une étape obligée dans son processus créateur.

Albert Loeb expose un choix de tableaux et dessins à la Chicago International Art Expo en mai 1989. C'est la première exposition personnelle de Robert Guinan aux Etats-Unis depuis 1969. Le public américain découvre un peintre local reconnu de l'autre côté de l'Atlantique. Collectionneurs, conservateurs, critiques et marchands restent indifférents à son œuvre. Seuls quelques artistes et les gardiens noirs de la Foire manifestent leur enthousiasme.

A l'automne, la Galerie Albert Loeb présente treize tableaux pour la plupart de 1987 à 1989. Après Emile Breda et Mary Turner, Guinan a rencontré un nouveau modèle : Géraldine. Elle pose pour trois portraits et de nombreux dessins. L'ancien *Double Door Tavern* devenu bar de country-music et rebaptisé *Main Street Pub* est une nouvelle source de sujets. *Connaissance des Arts, Cimaise, Les Nouvelles littéraires, La Gazette de l'Hôtel Drouot, Le Monde* et *Le Nouvel Observateur* rendent compte de cette exposition dans des articles favorables.

Les Etats-Unis étant le pays invité à la FIAC 90, Albert Loeb consacre une partie importante de son stand à l'œuvre de Robert Guinan. Sont exposées, avec une sélection de peintures des années précédentes, *Just Got Out, Around One A.M., Halina, Maida, Biker Girl* et *Just Shot Up*. Si les galeries américaines l'ignorent une fois de plus, le public français continue de lui témoigner un très vif intérêt.

Expositions personnelles

1950 Roswell P. Flower Memorial Library, Watertown, Etat de New York.

1961 "The Little Chapel around the Corner", Chicago.

1965 "Robert Guinan: paintings, drawings, lithographs", Contemporary Art Workshop, Chicago.

1969 Evanston Art Center, banlieue nord de Chicago.

1972 Galerie Ariadne, Vienne.

1973 Galerie Albert Loeb, Paris.

1974 Galerie Albert Loeb, Paris.

1976 Atelier-Galerie Le Lutrin, Lyon.

"Dessins de Robert Guinan", Galerie Albert Loeb, Paris.

1977 FIAC, Paris, Galerie Albert Loeb.

1977-78 Galerie Albert Loeb, Paris.

1979 Galleria Documenta, Turin.
Galerie Albert Loeb, Paris.

1981 Musée de Peinture et de Sculpture, Grenoble.
FIAC, Paris, Galerie Albert Loeb.

1982 Musée d'Ixelles, Bruxelles.
Lens Fine Art, Anvers.

1985 Galerie Albert Loeb, Paris.

1986 FIAC, Paris, Galerie Albert Loeb.

1988 "Dessins de Robert Guinan", Galerie Albert Loeb, Paris.

1989 Chicago International Art Exposition, Galerie Albert Loeb.
Galerie Albert Loeb, Paris.

1990 FIAC, Paris, Galerie Albert Loeb.
Galerie Albert Loeb, Paris.

Principales expositions de groupe

1957 "Seventh Regional Art Exhibition", Syracuse Museum of Fine Arts, Etat de New York.

1968 "Nonplussed Some", avec Ed Paschke, Edward C. Flood, Sarah A. Canright, Richard D. Wetzel, Hyde Park Art Center, Chicago,.

1972 "Art 72", Galerie Ariadne, Bâle.

1976 "Les Chemins de la Création", château d'Ancy-le-Franc.

"Nouvelle Subjectivité", Festival d'automne, Paris.

1977 "Nouvelle Subjectivité", Palais des Beaux-Arts, Bruxelles.

1978 "Réalisme ? Réel ? Réalité ?", abbaye de Beaulieu en Rouergue.

1978-79 Ateliers Aujourd'hui : Œuvres contemporaines des collections nationales, Musée national d'art moderne, Centre Georges Pompidou, Paris.

1982 Pavillon international, Biennale de Venise.

1984 "L'imagine e il suo doppio", exposition itinérante, Italie.

"Souvenirs d'un musée à la campagne", château de Tanlay, France.

1985 "Neuf Artistes de la Galerie Albert Loeb", Galleria Forni, Bologne.

1987 "Art'87", Galerie Albert Loeb, Bâle.

1990-91 Salon de mars, Galerie Albert Loeb Paris.

Bibliographie

Marie-Claude Morette-Maillant, catalogue des "Chemins de la Création", Château d'Ancy-le-Franc, 1976.

Albert Loeb, catalogue de l'exposition à la Galerie Albert Loeb, 1977-1978.

Jacques Leenhardt, "Guinan et Mason : une quotidienneté sans fard", La Tribune de Genève, janvier 1978.

Georges Raillard, "A la frontière mouvante des villes", La Quinzaine littéraire, 1978.

Jean Clair, City of the Night, catalogue de l'exposition à la Galerie Albert Loeb, 1979.

Pierre Gaudibert, préface du catalogue de l'exposition "Robert Guinan" au musée de Peinture et de Sculpture de Grenoble et au Musée d'Ixelles (Belgique), 1981.

Maïten Bouisset, "L'univers crépusculaire de Robert Guinan", Le Matin, 23 juillet 1981.

Danielle Gillemon, "Robert Guinan, peintre d'une Amérique solitaire", Le Soir, 8 juin 1982.

Philippe Bordes, "Tableaux de Robert Guinan dans les musées français", la Revue du Louvre et des Musées de France, n° 1, 1984.

Olivier Mille, "interview de Robert Guinan", Beaux-Arts Magazine, n° 21, février 1985.

Alain Knapp, Catalogue de l'exposition à la Galerie Albert Loeb, 1985.

Jean-Jacques Lévêque, Robert Guinan, Le Quotidien de Paris, 26 mai 1988.

Agnès de Maistre, "Réalisme et Exotisme", Cimaise, n° 202, septembre-octobre 1989.

Denis Picard, "A côté du rêve", Connaissance des Arts, novembre 1989.

Philippe Carteron, "Le Monde selon Guinan", Le Nouvel Observateur, 9 novembre 1989.

Marc Le Bot, Coloquio Artes, n° 84, mars 1990.

Liste des œuvres reproduites

1. Genel-Ev. *1957, huile sur bois, 68,5 x 99 cm.*

2. Yasamin. *1957, huile sur toile, 63 x 84 cm.*

3. Clark Street Serbia. *La Serbie sur Clark Street. 1961, huile sur toile, 76 x 122 cm. Collection particulière, Chicago.*

4. The Monkey. *Le singe, 1958, huile sur toile, 97 x 69 cm. Collection particulière, Chicago.*

5. Hommage to Jean Genet. *Hommage à Jean Genet, 1965, peinture, collage, photos et matériaux divers sur toile, en 4 panneaux assemblés, 203 x 185 cm.*

6. The Assassination of Archduke Franz Ferdinand. *L'Assassinat de l'archiduc Franz Ferdinand, 1967 / 1972, peinture, photos, collage et matériaux divers sur bois, 184 x 123 cm.*

7. The Turkish Declaration of War (Portrait of Enver Pasha) *La déclaration de guerre par la Turquie (Portrait d'Enver Pasha), 1967, photos, collage, coton et papier mâché, matériaux divers sur bois, 186 x 109 cm.*

8. Belgian Relief (Portraits of Herbert Hoover and Brand Whitlock). *L'aide à la Belgique (Portraits de Herbert Hoover et Brand Whitlock), 1967, peinture, photos et collage sur bois, 184 x 122 cm.*

9. The German Advance into Belgium (Portrait of Kaiser Wilhelm II). *L'avance des Allemands en Belgique (Portrait du Kaiser Wilhelm II), 1968, peinture, photos, collage, coton et papier mâché, matériaux divers sur bois, 186 x 124 cm.*

10. Nine Saints Altar. *Retable aux neuf saints, 1965, peinture, collage, papier mâché sur bois, en 4 panneaux, 263 x 337 cm.*

11. The Great Fallen One. *La Grande Déchue, 1966, peinture, collage, photos et matériaux divers sur toile, 220 x 159 cm.*

12. Maxwell Street Prophet. *Prophète sur Maxwell Street, 1966, huile sur toile, 153 x 163 cm.*

13. Maxwell Street Dream. *Maxwell Street en rêve, 1967, huile sur toile, 206 x 155,5 cm.*

14. Maxwell Street Dying. *Maxwell Street meurt, 1969, huile sur toile, 231 x 183,5 cm (cadre inclus fait par l'artiste).*

15. Sister Carrie Dancing. *"Sœur" Carrie dansant, 1968, encre Sumei sur papier et collage de papier rouge, 70 x 92,5 cm. Collection particulière, Chicago.*

16. Sister Carrie Robbins. *"Sœur" Carrie Robbins, 1968, peinture, collage et matériaux divers, 165 x 219,5 cm. Collection particulière, Palm Beach.*

17. The Intruder. *L'Intrus, 1967, huile sur toile, 206 x 157,5 cm. The Metropolitan Museum of Art, New York.*

18. Christmas Nightmare. *Cauchemar de Noël, 1967, huile sur toile, 206 x 158 cm.*

19. Emile and Mary Turner Seated at the Bar. *Emile and Mary Turner assis au bar, 1975, dessin au crayon noir, 72 x 60 cm. Collection particulière, Paris.*

20. Portrait of Emile Breda. *Portrait d'Emile Breda, 1970, peinture acrylique et collage sur Isorel, 194 x 130 cm (cadre inclus fait par l'artiste). Collection particulière, Belgique.*

21. Portrait of Sister Carrie Robbins. *Portrait de "Sœur" Carrie Robbins, 1972, peinture acrylique et collage sur Isorel, 257 x 136 cm (cadre inclus fait par l'artiste). Collection particulière, Zurich.*

22. Viennese Interior. *Intérieur viennois, 1972, peinture acrylique et collage sur Isorel, 157 x 90 cm. Fonds national d'art contemporain, Paris*

23. Vienna Night Window. *Fenêtre la nuit à Vienne, 1973, peinture acrylique et collage sur Isorel, 140 x 71 cm. Collection particulière, Lyon.*

24. Vienna Market Window. *Vitrine au marché de Vienne, 1973, peinture acrylique et collage sur Isorel, 137,5 x 67 cm. Collection particulière, Lausanne.*

25. Halsted Street Window. *Vitrine sur Halsted Street, 1973, peinture acrylique et collage sur Isorel, 102 x 85 cm (cadre inclus fait par l'artiste). Collection particulière, Paris.*

26. Portrait of Nellie Breda. *Portrait de Nellie Breda, 1973, peinture acrylique et collage sur Isorel, 101,5 x 76 cm. Musée des Beaux-Arts, Lyon.*

27. Nellie Breda III. *1975, dessin aux crayons noir et de couleur, 72 x 60 cm. Collection particulière, Paris.*

28. Portrait of Emile Breda. *Portrait d'Emile Breda, 1973, peinture acrylique et collage sur Isorel, 101,5 x 76 cm. Collection particulière, Paris.*

29. Portrait of Helen. *Portrait d'Helen, 1974, peinture acrylique et collage sur Isorel, 150 x 104,5 cm (cadre inclus fait par l'artiste).*

30. Josette (Josette Knight). *1974, peinture acrylique et collage sur Isorel, 106 x 86 cm. Collection particulière, Lyon.*

31. Portrait of Mary Turner. *Portrait de Mary Turner, 1974, peinture acrylique et collage sur Isorel, 100 x 128 cm (cadre inclus fait par l'artiste).*

32. Portrait of a Black Woman (Mary Turner). *Portrait d'une femme noire (Mary Turner), 1974, peinture acrylique sur Isorel, 105 x 132,5 cm (cadre inclus fait par l'artiste). Collection particulière, New York.*

33. Edouard Loeb at the Café Les Deux Magots. *Edouard Loeb aux Deux Magots, 1974, peinture acrylique sur Isorel, 100 x 88 cm (cadre inclus fait par l'artiste).*

34. Portrait of Mike Steiglitz. *Portrait de Mike Steiglitz, 1974, peinture acrylique et collage sur Isorel, 102 x 72,5 cm.*

35. Old Woman with Corn. *Vieille femme épluchant du maïs, 1975, dessin au crayon noir, 72 x 60 cm. Collection particulière, Paris.*

36. Old Woman with Corn. *Vieille femme épluchant du maïs, 1976, peinture acrylique sur Isorel, 218 x 148 cm (cadre inclus fait par l'artiste).*

37. David Asleep on the Edge of a Table. *David endormi sur un coin de table, 1974, dessin au crayon noir, 76 x 56 cm. Collection particulière, Paris.*

38. Sean in an Armchair. *Sean dans un fauteuil,*
1974, dessin au crayon noir, 76 x 56 cm.

39. David Asleep on a Couch. *David endormi sur un canapé,*
1978, dessin aux crayons noir et de couleur, 75 x 100 cm.

40. Sean Asleep II. *Sean endormi II,*
1978, dessin aux crayons noir et de couleur, 76,5 x 102 cm.

41. Sean.
1974, dessin au crayon noir, 76 x 56 cm.

42. Sean.
1983, peinture acrylique sur Isorel, 71 x 59 cm.

43. Night Swimming in Lake Michigan.
Baignade de nuit dans le lac Michigan,
1984, peinture acrylique sur Isorel, 102 x 164 cm.
Collection particulière, Monte-Carlo.

44. Emile Reposed. *Emile se reposant,*
1978, peinture acrylique sur Isorel, 92 x 122 cm.

45. Maxwell Street Donut Man.
Marchand de beignets sur Maxwell Street,
1977, peinture acrylique sur Isorel,
135 x 108 cm (cadre inclus fait par l'artiste).
Collection particulière, Paris.

46. Window on Lincoln Avenue. *Vitrine sur Lincoln Avenue,*
1974, crayons noir et de couleur, 76 x 56 cm.
Collection particulière, Paris.

47. Pedestal Table in a Window. *Guéridon dans une vitrine,*
1973, crayons noir et de couleur, 76 x 56 cm.
Collection particulière, Paris.

48. Magasin de chemises rue de Rivoli.
1974, dessin aux crayons noir et de couleur, 74 x 59 cm.
Collection particulière, Paris.

49. Heirlooms II. *Objets de famille II*
1982, dessin aux crayons noir et de couleur, 93,5 x 61 cm.

50. Heirlooms I. *Objets de famille I,*
1982, dessin aux crayons noir et de couleur, 74 x 58,5 cm.
Collection particulière, Paris.

51. Clark Street Antique Shop.
Magasin d'antiquités sur Clark Street,
1977, peinture acrylique sur Isorel, 97 x 115 cm.

52. Maisons sur North Wilton Street.
1978, dessin, 72,5 x 56 cm. Collection particulière, Turin.

53. Melrose Street at Night. *Melrose Street la nuit,*
1975, peinture acrylique et collage sur Isorel,
106 x 146,5 cm. Collection particulière, Lucques, Italie.

54 a. Sunset at Barry and Racine.
Coucher de soleil à l'intersection de Barry et Racine,
1976, pendant sa réalisation.

54. Sunset at Barry and Racine.
Coucher de soleil à l'intersection de Barry et Racine,
1976, peinture acrylique sur Isorel,
141 x 178 cm. Collection particulière, New York.

55. *Etude pour* At the Bohemian Club Bar.
Au Bohemian Club Bar,
1977, dessin au crayon noir, 59 x 74 cm.

56. At the Bohemian Club Bar. *Au Bohemian Club Bar,*
1977, peinture acrylique sur Isorel,
115 x 158 cm. Fonds national d'art contemporain, Paris.

57. Slow Night at the J.N.L. Tavern.
Nuit calme à la Taverne J.N.L.,
1978, peinture acrylique sur Isorel, 137 x 113 cm.
Collection particulière, Paris.

58. Waiting. *L'attente,*
1978, peinture acrylique sur Isorel, 94 x 86,5 cm.
Collection particulière, Paris.

59. Geraldine Waiting at the Bar. *Géraldine attendant au bar,*
1978, dessin aux crayons noir et de couleur, 57 x 62 cm.
Collection particulière, Paris.

60. Geraldine Waiting at the Bar. *Géraldine attendant au bar,*
1978, dessin aux crayons noir et de couleur, 72,5 x 58 cm.
Collection particulière, Paris.

61. Sudden View of Ashland Avenue.
Brusque apparition d'Ashland Avenue,
1978, peinture acrylique sur Isorel, 140 x 154 cm.

62. Along the North Branch Canal.
Au bord du canal du Nord,
1979, peinture acrylique sur Isorel, 122,5 x 143,5 cm.

63. In the Sheeps' Slaughter House. *A l'abattoir de moutons,*
1977, dessin aux crayons noir et de couleur, 73 x 51 cm.

64. Porks' Heads. *Têtes de porcs,*
1974, dessin aux crayons noir et de couleur, 76 x 56 cm.

65. *Etude pour* In the Packing House. *A l'abattoir,*
1977, dessin au crayon noir, 59 x 73,5 cm.

66. *Etude pour* In the Packing House. *A l'abattoir,*
1978, dessin au crayon noir, 60 x 45,5 cm.

67. In the Packing House. *A l'abattoir,*
1978, peinture acrylique sur Isorel,
151 x 127 cm (cadre inclus fait par l'artiste).

68. Elevated Tracks across Lincoln Avenue.
Métro aérien au-dessus de Lincoln Avenue
1979, peinture acrylique sur Isorel, 111,5 x 189 cm.

69. *Etude pour* Margaret Danner.
1979, dessin au crayon noir, 68,5 x 51,5 cm.

70. Portrait of Margaret Danner. *Portrait de Margaret Danner,*
1979, peinture acrylique sur Isorel, 109 x 166 cm.

71. Anita at the Victor Hotel. *Anita à l'hôtel Victor,*
1979, peinture acrylique sur Isorel,
96 x 138 cm (cadre inclus fait par l'artiste).
Musée de Peinture et de Sculpture, Grenoble.

72. Woman at the Bar. *Femme au bar,*
1980, dessin au crayon noir, 60,5 x 45,5 cm.

73. Ladies Drinks. *Boissons pour dames,*
1980, peinture acrylique sur Isorel, 92 x 76 cm.
Collection particulière, Paris.

74. Couple Seated at a Bar. *Couple assis au bar,*
1977, dessin au crayon noir, 74 x 59 cm.
Collection particulière.

75. Bohemian Club Bar Reflections.
Reflets au Bohemian Club Bar,
1981, peinture acrylique sur Isorel, 91 x 117 cm.
Collection particulière, Paris.

76. At the North Avenue Station.
A la station de métro North Avenue,
1980, peinture acrylique sur Isorel, 109,5 x 134 cm.
Collection particulière, Paris.

77. North Avenue Light. *Feu rouge sur North Avenue,*
1980 / 1981, peinture acrylique sur Isorel, 112 x 169 cm.
Collection particulière, Turin.

78. At the National Cafeteria. *A la National Cafeteria,*
1981, dessin au crayon noir, 17 x 24 cm.

79. At the National Cafeteria. *A la National Cafeteria,*
1981, peinture acrylique sur Isorel, 122 x 194 cm.

80. At the Wilson Avenue Station.
A la station de métro Wilson Avenue,
1982, peinture acrylique sur Isorel, 122 x 137 cm.
Collection particulière, Monte-Carlo.

81. *Etude pour* J.N.L. Memory. *Souvenir du J.N.L.,*
1988, dessin au crayon noir, 60 x 59,5 cm.

82. Toto at the J.N.L. Tavern. *Toto à la taverne J.N.L.,*
1980, dessin aux crayons noir et de couleur, 73,5 x 57 cm.
Collection particulière, Strasbourg.

83. Young Prostitute and her Pimp.
*Jeune prostituée et son protecteur,
1980, dessin, 76 x 56 cm.
Collection particulière, Lyon.*

84. J.N.L. Memory. *Souvenir du J.N.L.,
1981, huile sur toile, 153 x 115 cm.*

85. *Etude pour* The Amputee. *L'amputée,
1981, dessin au crayon noir, 56 x 44,5 cm.
Collection particulière, Paris.*

86. The Amputee. *L'amputée.
1981, peinture acrylique sur Isorel, 136 x 97 cm.*

87 a - b. *Etudes pour* Ballet Students.
*Elèves d'un cours de danse, 1983,
dessins au crayon noir.*

88. Ballet Students. *Elèves d'un cours de danse,
1983, peinture acrylique sur Isorel, 71 x 59 cm.
Collection particulière, Paris.*

89. Ballet Studios in the Fine Arts Building.
*Salles de danse dans le Fine Arts Building,
1982, dessin aux crayons noir et de couleur, 77 x 76 cm.
Collection particulière, Bruxelles.*

90. Ballet Studios in the Fine Arts Building.
*Salles de danse dans le Fine Arts Building,
1982 / 1983, peinture acrylique sur toile, 168,5 x 174,5 cm.
Collection particulière, Paris.*

91. Woman with a Car. *Femme à la voiture,
1986, dessin aux crayons noir et de couleur, 73,5 x 86,5 cm.
Collection particulière, Paris.*

92 Blue Girl with Red Wagon.
*Femme en bleu à la voiture rouge,
1984, huile sur Isorel, 106,5 x 117 cm.
Collection particulière, Bâle.*

93. At the Hotel. *A l'hôtel,
1985, dessin aux crayons noir et de couleur, 98 x 70 cm.
Collection particulière, Paris.*

94. Pepsi-Cola II. *1985,
dessin aux crayons noir et de couleur, 58,5 x 66,5 cm.*

95. Pepsi-Cola I. *1985, dessin aux crayons noir et de couleur,
64 x 73 cm. Collection particulière, Paris.*

96. Office Girls after Work.
*Employées de bureau après le travail,
1986, dessin aux crayons noir et de couleur, 76 x 94,5 cm.
Collection particulière, Paris.*

97. At the Double-Door Bar. *Au Double-Door Bar, 1985, dessin aux crayons noir et de couleur, 76 x 89 cm.*

98. Geraldine in the Mirror. *Géraldine dans le miroir, 1985, dessin aux crayons noir et de couleur, 56 x 61 cm. Collection particulière, Paris.*

99. At the Bohemian Club Bar. *Au Bohemian Club Bar, 1985, dessin aux crayons noir et de couleur, 58,5 x56 cm.*

100. *Etude pour* Kind Hearted Woman. *Femme au grand cœur, 1988, dessin aux crayons noir et de couleur, 35,5 x 43 cm. Collection particulière, Strasbourg.*

101. *Etude pour* Kind Hearted Woman. *Femme au grand cœur, 1988, dessin aux crayons noir et de couleur, 59 x 74 cm. Collection particulière, Stigny.*

102. Kind Hearted Woman. *Femme au grand cœur, 1988, huile sur Isorel, 94 x 122,5 cm.*

103. Van Buren Street Station. *A la station de métro Van Buren Street, 1983, peinture acrylique sur Isorel, 126 x 110 cm. Collection particulière, New York.*

104. *Etude pour* Big Blond Girl. *La grande blonde, 1984, huile sur Isorel, 99 x 77 cm.*

105. Big Blond Girl. *La grande blonde, 1984, huile sur Isorel, 117,5 x 90 cm.*

106. *Etude pour* Ravenswood I. *1984, dessin au crayon noir, 35,5 x 43 cm.*

107. Ravenswood I. *1984, huile sur Isorel, 91,5 x 76,5 cm.*

108. Ravenswood III. *1984, huile sur Isorel, 103 x 131 cm.*

109. Ravenswood, *1988, dessin au crayon noir, 43,5 x 35,5 cm.*

110. Ravenswood II. *1984, huile sur panneau, 107 x 73 cm.*

111. *Etude pour* On the Subway. *Dans le métro, 1984, dessin au crayon noir, 35,5 x 43 cm.*

112. On the Subway. *Dans le métro, 1984, huile sur Isorel, 91 x 100 cm.*

113. Ravenswood IV (Paul Guinan). *1985, huile sur Isorel, 73,5 x 125,5 cm.*

114. *Etude pour* Ravenswood V. *1988, dessin aux crayons noir et de couleur, 61 x 46 cm.*

115. Ravenswood V. *1989, huile sur panneau, 116 x 87,5 cm.*

116. Mister "Taps" in the Subway. *Monsieur "claquettes" dans le métro, 1985, huile sur Isorel, 123 x 105 cm.*

117. Selling Roses for Reverend Moon. *Vendeuse de roses pour le révérend Moon, 1985, huile sur Isorel, 87 x 79,5 cm.*

118. Philip Wilson and Malachi Favors. *1986, dessin aux crayons noir et de couleur, 88 x 74 cm.*

119. Lester Bowie. *1986, dessin aux crayons noir et de couleur, 76 x 96 cm.*

120. Subway Music-Flute. *Musique dans le métro : flûte, 1986, dessin aux crayons noir et de couleur, 101,5 x 76 cm. Collection particulière, Paris.*

121. Subway Music-Trombone I. *Musique dans le métro : trombone I, 1986, dessin aux crayons noir et de couleur, 92 x 72 cm.*

122. Subway Music-Conga. *Musique dans le métro : conga, 1986, dessin aux crayons noir et de couleur, 101,5 x 76 cm. Collection particulière, Paris.*

123. Subway Music-Drum. *Musique dans le métro : tambour, 1986, dessin aux crayons noir et de couleur, 99 x 72 cm. Collection particulière, Paris.*

124. Geraldine Lying. *Géraldine allongée, 1987, dessin aux crayons noir et de couleur, 45,5 x 61 cm.*

125. Geraldine Seated. *Géraldine assise, 1987, dessin aux crayons noir et de couleur, 45,5 x 61 cm.*

126. Geraldine. *1987, dessin aux crayons noir et de couleur, 61 x 45,5 cm. Collection particulière, Bruxelles.*

127. Geraldine. *1987, dessin aux crayons noir et de couleur, 60,5 x 46 cm.*

128. Geraldine with a Hat. *Géraldine au chapeau, 1987, dessin aux crayons noir et de couleur, 60,5 x 46 cm. Collection particulière, Barbizon.*

129. Geraldine. *1987, peinture acrylique sur Isorel, 102,5 x 69,5 cm.*

130. *Etude pour* When you Got a Good Friend. *Quand on a une amie fidèle, 1988, dessin (double face) au crayon noir, 74 x 59 cm.*

131. When you Got a Good Friend.
*Quand on a une amie fidèle,
1987, peinture acrylique sur Isorel, 99,5 x 110 cm.*

132. *Etude pour* Portrait of Judy. *Portrait de Judy,
1987, dessin aux crayons noir et de couleur, 35,5 x 43 cm.*

133. Portrait of Judy. *Portrait de Judy,
1987, peinture acrylique sur Isorel, 94 x 114 cm.*

134. *Etude pour* Reflections of Sam's Bar.
*Reflets au Sam's Bar,
1987, dessin aux crayons noir et de couleur, 39,5 x 43 cm.*

135. Reflections of Sam's Bar. *Reflets au Sam's Bar,
1987, huile sur Isorel, 128 x 110 cm.
Collection particulière, Monte-Carlo.*

136. *Etude pour* At the Double-Door Tavern.
*A la taverne Double-Door,
1987, dessin au crayon noir, 35,5 x 43 cm.*

137. At the Double-Door Tavern. *A la taverne Double-Door,
1987, peinture acrylique sur Isorel, 102 x 111,5 cm.
Collection particulière, Bâle.*

138. *Etude pour* Cindy and Edna at Sam's Bar.
*Cindy et Edna au Sam's Bar,
1989, dessin aux crayons noir et de couleur, 43 x 35,5 cm.*

139. Cindy and Edna at Sam's Bar.
*Cindy et Edna au Sam's Bar,
1989, huile sur panneau, 111 x 79 cm.*

140. *Etude pour* Country-Rock II.
*1988, dessin au crayon noir, 74 x 59 cm.
Au verso : Etude pour* When you Got a Good Friend.
*Quand on a une amie fidèle,
1988, dessin au crayon noir, 74 x 59 cm.*

141. Country-Rock II. *1989, huile sur Isorel, 131 x 93 cm.*

142. Country-Rock III :
Lorraine and William are Sister and Brother.
*Country-Rock III : Lorraine et William sont sœur et frère,
1989, huile sur panneau, 108 x 88 cm*

143. Country-Rock I. *1989, huile sur Isorel, 132 x 91 cm.*

144. At the Main Street Pub. *Au Main Street Pub,
1989, huile sur Isorel, 102,5 x 165 cm.*

145. Just Got Out. *A peine sortie,
1990, huile sur panneau, 87 x 63 cm.*

146. *Etude pour* Just Shot Up. *Elle vient de se piquer,
1990, dessin aux crayons noir et de couleur, 43 x 36 cm.*

147. Just Shot Up. *Elle vient de se piquer,
1990, huile sur panneau, 88 x 69,5 cm.*

148. *Etude pour* Biker Girl. *L'amie du motard, 1990, dessin aux crayons noir et de couleur, sur deux feuilles de papier assemblées, 66 x 43 cm.*

149. Biker Girl. *L'Amie du motard, 1990, huile sur panneau, 88 x 62 cm.*

150. *Etude pour* Halina. *1990, dessin aux crayons noir et de couleur, sur deux feuilles de papier assemblées, 60 x 36 cm. Collection particulière, Strasbourg.*

151. *Etude pour* Around 1 A.M. *Vers une heure du matin, 1990, dessin aux crayons noir et de couleur, 43 x 55 cm.*

152. Halina. *1990, huile sur panneau, 102 x 81,5 cm. Collection particulière, Paris.*

153. Around 1 A.M. *Vers une heure du matin, 1990, huile sur panneau, 72 x 91 cm.*

154. *Etude pour* Maida. *1990, dessin aux crayons noir et de couleur, 68 x 58,5 cm.*

155. Maida. *1990, huile sur panneau, 104 x 89 cm.*

156. Hanged Goat. *Bouc suspendu, 1963, encre Sumei sur papier, 50 x 32,5 cm. Collection particulière, Chicago.*

157. Ritual of Attis. *Rituel d'Atys, 1963, encre Sumei et crayon sur papier, 55 x 39 cm. Collection particulière, Chicago.*

158. Effigy of Adonis borne to the Sea. *Effigie d'Adonis portée à la mer, 1963, encre Sumei sur papier, 40 x 52,5 cm. Collection particulière, Chicago.*

159. Effigies of Adonis and Aphrodite. *Effigies d'Adonis et Aphrodite, 1963, encre Sumei sur papier, 37,5 x 77,5 cm. Collection particulière, Chicago.*

160. Demeter Interrupted. *Déméter interrompue, 1963, encre Sumei sur papier, 40 x 52,5 cm. Collection particulière, Chicago.*

161. Auction. *Vente aux enchères, 1972, lithographie originale, éditée à 300 exemplaires signés et numérotés par l'artiste, 50,2 x 70,2 cm.*

162. Auction. *Vente aux enchères, 1972, lithographie originale, éditée à 300 exemplaires signés et numérotés par l'artiste (quelques épreuves avec collage et rehaussées de crayons noir et de couleur, dont cette épreuve), 50,2 x 70,2 cm.*

163. Runaway Slave. *Esclave en fuite, 1972, lithographie originale, éditée à 300 exemplaires signés et numérotés par l'artiste (quelques épreuves avec collage et rehaussées de crayons noir et de couleur, dont cette épreuve), 70,2 x 50,2 cm.*

164. Punishment. *Châtiment, 1972, lithographie originale, éditée à 300 exemplaires signés et numérotés par l'artiste (quelques épreuves avec collage et rehaussées de crayons noir et de couleur, dont cette épreuve), 52,2 x 70,2 cm.*

165. Inspection. *L'examen, 1972, lithographie originale, éditée à 300 exemplaires signés et numérotés par l'artiste (quelques épreuves avec collage et rehaussées de crayons noir et de couleur, dont cette épreuve), 50,2 x 70,2 cm.*

166. Runaway Slave. *Esclave en fuite, 1972, lithographie originale, éditée à 300 exemplaires signés et numérotés par l'artiste (quelques épreuves avec collage et rehaussées de crayons noir et de couleur, dont cette épreuve), 70,2 x 50,2 cm.*

167. Soldier's Dream. *Le rêve du soldat, 1973, lithographie originale. Quelques exemplaires signés et titrés par l'artiste, dont certains rehaussés de crayons de couleur, 50 x 35 cm.*

168. The Next War. *La prochaine guerre, 1973, lithographie originale. Quelques exemplaires signés et titrés par l'artiste, dont certains rehaussés de crayons de couleur, 50 x 35 cm..*

169. The Parable of the Old Man and the Young. *La parabole du vieil homme et l'enfant, 1973, lithographie originale. Quelques exemplaires signés et titrés par l'artiste, dont certains rehaussés de crayons de couleur, 50 x 35 cm.*

170. A Terre. *1973, lithographie originale, Quelques exemplaires signés et titrés par l'artiste, dont certains rehaussés de crayons de couleur, 50 x 35 cm.*

171. Asleep. *Endormi, 1973, lithographie originale. Quelques exemplaires signés et titrés par l'artiste, dont certains rehaussés de crayons de couleur, 50 x 35 cm.*

172. The Last Laugh. *Le dernier rire, 1973, lithographie originale. Quelques exemplaires signés et titrés par l'artiste, dont certains rehaussés de crayons de couleur, 50 x 35 cm.*

173. He Died Smiling. *Mort en souriant, 1973, lithographie originale. Quelques exemplaires signés et titrés par l'artiste, dont certains rehaussés de crayons de couleur, 50 x 35 cm.*

Crédits photographiques

Arphot

Aimard

Alain Basset

Serge Bellaiche

Patrick Bogner

Fernando Chaves

Fotophono a.s.

Jonas Dovydenas

Bee Guinan

Paul Guinan

Albert Loeb

Jean-Louis Losi

André Morin

Michael Tropea

Marion Valentine

Serge Veignant

François Walch

Traductions des lettres de Robert Guinan

Cécile Odartchenko Loeb

Isabelle Leymarie

Remerciements

Nous remercions

Ezio Gribaudo

qui n'a cessé de manifester

avec enthousiasme ses encouragements

pour la réalisation

de cette première monographie.

Coordination éditoriale : Sylvie Poignet

Régie de la fabrication : Paola Gribaudo

Conception graphique Tamanoir

Composition et photogravure noir et blanc : S.M.I., Paris

Photogravure : CITIEMME, Turin

VERNON, Montrouge

Achevé d'imprimer

le deuxième trimestre

mil neuf cent quatre-vingt-onze

sur les presses

de la Stamperia Artistica Nazionale,

Turin